「超」怖い話 酉《とり》

加藤 一　編著

竹書房文庫

※本書に登場する人物名は、様々な事情を考慮してすべて仮名にしてあります。また、作中に登場する体験者の記憶と体験当時の世相を鑑み、極力当時の様相を再現するよう心がけています。現代においては若干耳慣れない言葉・表記が登場する場合がありますが、これらは差別・侮蔑を意図する考えに基づくものではありません。

彫刻　平野太一
ドローイング　担木目鱈

巻頭言

加藤 一

恐怖とは。怪談とは。

長く怪談と付き合っている身としては、この問いは常に傍らにあるような気がする。

血しぶきが飛べば怖いのか。幽霊が出れば怖いのか。宵闇の子供が怖いのか。白衣の老婆が怖いのか。人が人を憎む様子が汲み取れれば怖いのか。人が死ねば死ぬほど怖いのか。恐怖の基準とは。恐怖の度合いとは。怪談に魅入られた者は大抵そんなことばかりを日々考えて過ごしている。著者によって恐怖との向き合い方、自分にとっての恐怖を響かせる琴線が異なるため、全ての怪談著者が同じような恐怖に震えるとは限らない。

同様に、怪談を好んで読む読者自身も、何がその恐怖の琴線を弾《はじ》くトリガーになるのかが分からない。数を重ねていくうちに、自分では思ってもみなかったような事柄から目が離せなくなり、後ろを振り返れなくなる。そういうことも起きてくる。

では――「超」怖い話とは？

怖い、とはどういうことなのか。そのことを今年も問い直す。

だから諸兄諸姉。今年も怖がろうじゃありませんか。

目次

筒抜け

佐野君が学生時代住んでいたアパートは、劣悪な環境だった。

名前こそマンションであったが、どう見てもボロアパートである。

設備などは最低限で、壁は薄く、上下左右の生活音どころか、話し声すら筒抜けだった。

メリットは家賃が安いことだけだ。

そのせいで住民の質も低かったと思う。

彼自身、現代にそぐわないほどの貧乏苦学生であったからここを選ぶしかなかった。


彼の部屋の右隣に、若い女が住み始めた。

稀に赤ん坊と一緒にいる姿を見たが、乱暴な抱き方にこちらがひやひやしてしまう。

シングルマザーらしく、夫らしき姿はない。

男は頻繁に（それも毎回違うのが）やってくるが、すぐに出ていってしまう。

そんなとき、赤ん坊が泣く声が続くこともあれば、全然泣かないこともあった。

泣き声は力なく、弱々しい物だった。

加えて、女がいるときは酷い言葉が漏れ聞こえてくる。

赤ん坊に言っていると聞こえるときもあれば、電話で誰かと話している風のときもある。

「お前なんか産むんじゃなかった。早く死ね！」

「早く死んでくれ。死ね！」

「まだどっこも預けられねぇんだよーこいつ。あ？　うるせぇ！　死ね！」

「客がしつこくてさぁー。でもカネ持ってそうだから。コイツさえいなければ、もっと引っ張れるんだけどなぁ……うっせぇぞ！　死ね！」

「死ね死ね死ね死ね！　死ね！」

死ねという言葉が多かった。

当然赤ん坊は毎日泣いた。弱々しく、途切れ途切れであったが。

嫌悪感しか湧かない物言いに、毎日げんなりする。

児童相談所へ通報すべきか悩んだ。関わり合いを持てば多分面倒事になるだろう。

しかし、早く手を打たないと命が失われるだろうことは想像に難くない。

(よし、明日だ。明日電話するぞ)

踏ん切りを付けた日、部屋へ帰ると隣は静かだった。

いつもなら鳴き声か罵倒、或いは女の電話の声が聞こえるはずだ。壁に耳を当てて探るが、何も聞こえない。逆に他の部屋の生活音のほうが大きいくらいだった。
(引っ越したのかもしれない)
電話をするタイミングを失ってしまった。

それから一週間ほどして、隣に人が帰ってきた。
声はそのままだから、あの女だろう。
しかし耳を疑う言葉が聞こえた。
「ガキ、死んだから」
死んだ?
「うんうん。言った通りにしたら、息が止まって死んだよ。誰にもバレなかったし」
ありがとー、ホントに楽になったよー、と女は笑った。
骨は何処そこで棄てたとすら自慢げだった。
(殺したってことか?)
警察に通報してやろうと携帯に手を伸ばして考えた。
証拠がない。
(なら、証拠を集めよう)

証拠があれば、警察は動いてくれるはずだ。

その日から携帯の録音機能を使って、女の声を録り溜めることにした。

だが、明確な「殺した」という発言はそれ以来なかった。

それに咄嗟《とっさ》に録音モードを起動させるのは難しい。常に音を録ればいいのかもしれないが、すぐに記録容量がオーバーしてしまう。

だから、ピンポイントで狙うしかなかった。


その日を境に、女の元へはさらに色々な男が出入りした。

会話も他の声も全て聞こえる。これも一応録音した。

「○○のこども、ほしー」

「ねぇ、めーわくかけないからー、ね？」

「○○のこどもだったら、あたし、愛せるからぁ」

違う男の名で、いつも言うことは同じ。

(どういう神経をしているのか)

反吐が出そうだった。

子供を殺したという発言から一カ月経たない頃だろうか。

女の悲鳴が聞こえた。

「ごめんなさい、ごめんなさい！」

謝っている。

少しすると静かになり、物音が消えた。

これが毎日繰り返される。時には連れ込んだ男の大声が聞こえ、バタバタと外へ出ていく足音が響くこともあった。

男が来ることはほぼなくなり、女が電話をすることも激減した。

電話の相手との会話もどうした訳か、よく聞き取れなくなった。それほど声が小さくなっていたのだろうか。

それから間もなくして、女は部屋を出ていった。

もぬけの殻となった部屋を覗いたことがあるが、普通のボロアパートであった。

女がいなくなる前日、最後に聞いた声はこんな内容だった。

「殺してごめんなさい！　許してください！」

女が何に対し、謝罪をしていたのか分からない。が、すぐに想像は付く。

後に佐野君は録音した女の声を聞き返したことがある。

以前チェックしたときと違い、女の声がやけに小さくなっていた。

遠い場所で喋っているような感じだ。

代わりに——ではないだろうが、ゴウゴウという強風のような雑音と、もうひとつ音が被さるように入っていた。

発情期の猫のような、気持ち悪いものだった。

或いは赤ん坊の泣き声のような。

とはいえ、あの女の子供の声には聞こえない。

あの子の声は、こんなに力強くなかったのだから。


あれから何年か経つ。佐野君は今も鉛を飲んだような気持ちを抱えている。

もし、自分がもっと早く動いていれば、あの子は死なずに済んだのかもしれない、と。

しかし、もし生き抜いたところで幸せになれたのだろうか？　そう考えることもある。


何が正しい選択だったのかは、誰にも分からない。

見なければよかった

日菜乃さんの母親が亡くなった。

四十代での早すぎる死だった。

死因に関しては少々特殊なので、詳しくは書けない。

娘である彼女の言葉を借りれば〈無惨な死に様〉であった、という。

それこそ見ずに済むなら、それに越したことはないと思ったほどだ。


日菜乃さんはある事情があり、十代の頃に母親と別れて暮らしていた。

憎しみあってという訳ではなく、これもまた言うことのできないある事情からだ。

父親は彼女が小学校のときに離婚し、以来没交渉となっていた。

母親とは数カ月に一度会う程度であったが、そのたびに二人で同じことを語り合った。

「いつかまた、一緒に暮らしたいね」

「でも、私が結婚したらどうしよう？　同居する？」

「ううん。新婚さんのお邪魔はしたくないからしないよ。代わりに孫にはたくさん会わせてね。可愛い盛りを逃したくないから」

ここまで話すといつも母親の表情は泣き笑いのようになる。きっと寂しいのだろう。

二人とも辛い気持ちになるのをごまかして笑い合った。


そんな母親が亡くなったという知らせが入り、慌てて駆けつけたのは二月中頃のことだ。

冒頭の通り、とても無惨な姿での対面だった。

当然、通夜や葬儀が済めば形見分けをし、母親の住居を片付けなくてはいけない。

しかし、母親の自宅へ真っ先に来たのは元父親とその親族だった。

金目の物を全てはぎ取るように持っていく。

残ったのは僅かなものだった。

当然、日菜乃さんも彼らを止めようとしたが、若く、法律にも詳しくない彼女には、その暴挙に歯止めを掛けることすらできなかったのだ。

悔し涙の中、片付けの手を黙々と動かす。

(あれ？　これは何？)

ベッドのマットレスの間、そこへ大きなクラフト紙の封筒が挟んであった。

何処か慌てて隠したような雰囲気があった。

中身を確認すると、幾つかの封書が納められている。

封が開けられていたものは三つ。

宛名の部分に英語の筆記体で母の名前があった。

ただし、投函されたものではないらしい。切手も消印も、住所もない。直接受け取ったのだろうか。それとも他に何かあったのか。

送り主の名前だけはあった。

筆記体の英語名。ジョン・某とあり、ありふれた外国人の男性名のように思える。

何故か中身がない。残りの二つも同じだった。

封の開けられていないものは一つあった。

こちらには宛名も送り主の名前も何もなかった。

黄ばみや染みもなく、ここ最近のものかもしれない。

やけに気になり、開けてしまった。

中はボールペンの手書き便せん一枚だったが、こちらも英語だった。二十数行程度だろうか。あまり長いものではない。

しかし、所々に出てくる文字に目が留まる。

〈Ｈｉｎａｎｏ〉

自分の名前だったからだ。

読み始めて、めまいを覚えた。

書いたのは母親だった。

内容は彼女がジョン某に宛てたものである。

全てのニュアンスを読み取れた訳ではないが、大体このような内容だった。

〈日菜乃が死なない。嘘も疲れた〉

〈日菜乃が死ねば、私は自由だ〉

〈日菜乃が死ぬように毎日毎日〇〇〇〇に願っているが、なかなか効果を発揮しない〉

〈この責任はどう取るのか？　大金を払っているのだから何とかしろ〉

〇〇〇〇は知らない単語というか、何かの名詞だろうがこの場では分からなかった。

他にもあったが、それはプライベートに関することなので秘す。


（お母さん、何で？）

封筒に宛名がなかったこと。まだ真新しい雰囲気があったこと。これらから考えれば、ジョン・某に送る直前のものだ。送る前に母が死んだのだろうか。

いや、そんなことよりも受けたショックのほうが大きかった。

一緒にまた暮らそうと言っていた母親の言葉は、塗り重ねられた嘘だったのだから。

（こんなもの、棄てよう）

そう考えるのだが、どうしても棄てられない。

ジョン・某の封筒と一緒に、自分の部屋に保管した。どうしてそんなことをしてしまったのか、自分でも理解できない行動だった。


それからというもの、異様なことが立て続けに起こった。

部屋の中を小さな光球が飛ぶ。

カーテンが膨らんでおり、思い切って捲れば何もない。

台所のシンクやお風呂の排水溝から傷んだ脂のような悪臭が漂う。原因は不明。

LEDのスタンドが点滅するので、スイッチを弄ろうとすれば触れる前に倒れる。

眠ると悪夢しか見ないし、目が覚めれば全身が筋肉痛のような状態になっている。

入浴しても身体から悪臭がしているように感じる。しかし他の人には臭わない。

他様々な不可解なことが繰り返された。

毎日ぐったりしてしまう。まるで生命力が削られているようだ。

それに、それだけでは済まなかった。

稀にだが、外国人のような男に付けられているような気がするのだ。

歩いているとき、ふと振り返ると、細いフレームの眼鏡を掛けた金髪の男が一人いる。

背は低いし、やせぎすだ。

グレーのジャケットにTシャツのインナー、白いパンツ、黒い靴を身につけている。

が、毎回別人だった。

服装や雰囲気は似ているのだが、明らかに顔が違う。

彼らはこちらが視線を向けると何故かスーッと横を追い抜いて姿を消した。

そばに来て分かるのは、自分と似た背丈であることだ。日菜乃さんは二十代日本人女性の平均的程度の身長である。

彼らが現れるのは昼夜間わずで、時間的なパターンはない。

どうしてこんなに外国人の、似たようなビジュアルの男達に出会うのか。

(まさか)

ある想像が浮かんだ。

ある日の昼間、男が横に並んだとき、ある賭けに出た。

すぐ横に来た瞬間、呼びかけたのだ。

「……ジョン・某？」

男は立ち止まらず、いつものように消えていった。

こちらを睨み付けていったことを除けば、だが。

やはりジョン・某の関係者だったのだと確信を深めたことは言うまでもない。


この一件で踏ん切りが付いた。

（あの封書達を棄ててしまおう）

それが最善だと感じたのだ。明確な理由はない。ただそれをすべきだと思い付いたに過ぎなかった。

強いて言うなら、ここ最近のおかしなことはこれらが引き金になったのではないかと想像したから、かもしれない。

部屋へ戻り、小振りな紙バッグへ封書を全て放り込み、外へ飛び出した。

ゴミとして棄てるか。いや、こういうものはどうすればよいのか。

スマートフォンで調べながら歩く。お寺が良いようなことが書いてあった。

（お焚き上げ？　してもらうといいのか）

近くのお寺までバス一本だ。

路線バスに乗り込み、目的地で降り、山門に辿り着いたときだった。

何となく振り返ると、向こう側の歩道に見知ったビジュアルの人間がいた。

あの外国人の男だ。

いや、正しくは男達、だろう。

街路樹の横に、ずらりと三人並んでいる。見映えは同じでやはり顔だけが違っていた。

ギョッとし、お寺へ駆け込んだ。

住職はこちらの様子に驚いている。手にした紙バッグを押し付けるようにしながら、「おたきあげ、おたきあげ、おたきあげ、おたきあげ」と繰り返す。

気が動転していて、言葉が出ないのが自分で分かった。

住職は「はいはい、分かりました」と答えるが、明らかに困惑している。

財布の中の三千円程度を手渡し、全部お願いしますと頭を下げた。

失礼なことをしているのは重々承知だが、もうこれらに関わりたくない一心だった。

門を潜る前にタクシーを呼んだ。

物陰から外を見れば、男達の姿は何処にもなかった。

それからというもの、怪しいことは何もない。

いや、あるのかもしれないけれど、何も気付かない程度なのだろう。

安心して毎日を過ごしているが、ある癖ができてしまった。
外国人の男性、それも眼鏡を掛けている人を見るたびに心臓が痛くなるのだ。
もうどうしようもない癖と化している。

母親とジョン・某、封書、〇〇〇〇とは一体何だったのか。
日菜乃さんはそれすら思い浮かべたくない。
全ての関わりを絶って、ただただ平和に生きたいとだけ考えて日々を過ごしている。

ぎふへ

園花さんの義父が亡くなって、七年が経つ。

彼女がお嫁に来てから急に病気が発覚し、あっという間の出来事だった。

まだ生きていた義祖母は泣きながら怒っていたことを覚えている。

「親よりも早く死ぬとは、親不孝にも程がある」と。

人の良い義母は葬儀の間、気丈に動いていた。

急死ではなかったから覚悟はあったの。だから、あのときは泣くのを耐えられたのね、と後に聞いた。

代わりに、夫の悲しみようは目も当てられなかった。

父親を尊敬し、行く行くはあんな立派な人間になりたいと常々言っていた。

まだ二十代であった彼女は、夫に対しどうしてよいか分からない。

ただそばに寄り添うことくらいしかできなかった。

「親父に孫を見せてやりたかったけれど。でも、結婚式と披露宴だけは見せられたから」

そう夫が言えるようになったのは、義父の死から半年後くらいだった。

それから丁度一周忌を迎える頃だったか。

自宅のアパートへ封書が届いた。届け先は達筆な手書きで、夫宛であった。

住所と消印から岐阜市から投函されたことが分かる。送り主の名は名字だけで、糸魚川とあった。文字からして男性ではないかと感じる。

遠く離れた岐阜に知り合いはいない。少なくとも園花さんには縁のない土地だ。

知っている知識も温泉や飛騨高山などの観光関係くらいである。

仕事から帰ってきた夫も岐阜という地名に首を傾げた。

封筒を開いて、中を確かめる。便せんが二枚だった。

読みながら、彼が泣き始めた。

一体どうしたことかとおろおろしてしまう。その様子を察したのか、泣き笑いのままこちらに手紙を見せてくれた。

手紙は、義父からだった。

死を間際にしたときの心境が綴《つづ》ってある。

最後に近い部分に、こんなことが書いてあった。

〈私が死んだら、お前が一家の中心となり、お母さん、お祖母さんを大事にしなさい。そ

れだけではなく、お嫁さんである園花さんを愛し続けなさい〉

手紙を読み終え、二人抱き合って涙を流した。

本当に人間のできた義父であった。

当然手紙は義祖母や義母にも見せられた。

彼女達も涙をボロボロ落としながら何度も繰り返し読んだ。

落ち着いてから、義母がこんなことを口にする。

「お父さんも、洒落たコトするよね」

一体どういうことかと訊ねれば、こんな答えが義母から返ってきた。

「多分ね、お父さんは岐阜の知り合いに頼んだんだと思う」

死期を悟った義父があらかじめ依頼したのではないかと言うのだ。

「きっと〈息子の所へ送ってくれ〉って。お葬式にも来てくれてたでしょ？　お仕事の付き合いがあって、二年前、岐阜へ引っ越した人」

そうなのかと会葬者名簿などを探してみた。

確かに岐阜から来た人の名前はあったが、糸魚川ではない。そもそも糸魚川という名そのものが一つもなかった。

では、誰がこの義父からの手紙を受け取り、こちらへ送ってくれたのか。

差出人の住所にお礼状を送ったが、転居先不明で戻ってきてしまった。

それから数日して、夫がこんな提案をしてきた。

「二人で、この住所まで行ってみないか？」

岐阜へ行きその住所が示す場所周辺で聞き込みをすれば、この糸魚川さんの行方が分かるのではないか。そうすれば直接お礼も言えるし、父親の思い出も話してもらえるかもしれないだろうと目を輝かせている。

「無駄足になるかもしれないけれど、でも行きたいんだ」

父親がしてくれた計らいと協力者に何か行動を起こしたいと彼は頭を下げた。


それから時期を改め、少しまとまった休みが取れる頃、園花さん達は岐阜へ旅立った。

義祖母、義母も誘ったが諸般の事情で動けなかったので、二人だけの旅となった。

岐阜市で問題の住所を訪ねたが、そこは空き家であった。

借家でもなく、また、売り家でもない。誰かが所有しているのだろうか。

周りに訊いても「ここは糸魚川さんという人が住んだことはない」、そんな答えだけが返ってくる。

結局、何も分からないままタイムアップになってしまった。

その後、駄目で元々と再び手紙を岐阜へ送ってみた。

やはり戻ってきたが、今度は転居先不明ではなく、宛先不明という名目であった。

糸魚川という人物との繋がりがこれで完全に切れたことになる。

だが、その直後、一度だけこんなことがあった。

真夜中のことだ。

園花さんが目を覚ますとアパートのリビングに一人座っていた。

暗い中であり、自分がどうしてこんなことをしているのかすら理解できない。

呆然としていると、寝室の扉が開き、目を刺す明かりが差し込んできた。

夫が出てきて、心配そうな声を掛けてくる。

「……大丈夫？」

彼曰く、トイレにでも起きたのだろうと待っていたが戻ってこない。十数分過ぎたので、もしや何かあったのかと思って出てきた、らしい。

どういうことなのだろう。立ち上がりかけたとき、目の前のテーブルに何かを発見した。

ボールペンとペンケース、兎をかたどった付箋だった。

（置いた覚え、ない……）

そもそもきれい好きの彼女はいつもテーブルの上を整理整頓する癖があった。

こんな風に使いっぱなしはない。

片付けようと手を伸ばしたとき、付箋に横書きでこう書かれていた。

お義父さ　へ

〈ん〉まで書かれていない。〈へ〉まで変な空間もある。

ただそれだけ。他には何もない。

文字は自分の物でも、夫の物でもない。何処か癖のある、しかし綺麗な文字だ。

例えるなら、昔の人が書くものの印象に近いだろうか。

もちろん自らこんなものを書いた覚えはない。

それに暗がりの中、手探りでペンを走らせたとして、こんな小さな付箋の中に綺麗に納めることができるだろうか？

少しイヤな感じがして、思わず付箋をはがした。

その下にまた文字があった。

岐阜に来たら殺　ので

こちらもスペースが空けられていた上、〈ので〉で終わっている。
急に血の気が引いた。様子を見ていた夫も同じ感覚を抱いたようだ。
付箋は全て棄てられた。
以降、このようなことは一度も繰り返されていない。

園花さんは言う。
まるでダジャレの連続みたいですけれどね、と。
亡くなった義父。岐阜から届いた手紙。岐阜へ届かない手紙。
そして岐阜へ行っても意味はなかった。
さらに、お義父さ　へ、岐阜へ来たら殺　ので——という書いた覚えのない付箋。
全体的に意味不明で訳の分からないことなので、超怖い話じゃないとは思いますけれど
ね、そう苦笑いする彼女の目は、何処か怯えがあったようにも映った。
園花さん達は、現時点ではあれ以来二度と岐阜に足を踏み入れていない。

シャベル

齢《よわい》八十を超えたばかりの大木さんは、小さな一軒家で孫のタクマ君と二人で暮らしている。

近所の碁会所から戻ってくると、続け様に孫も工事現場から帰ってきた。

「おかえり」

大木さんの甲高い声が響き渡る。

しかし、タクマ君からの返答は一切ない。

今までこのようなことは一度もなかったので、具合でも悪いのかもしれないとばかりに、孫の顔をまじまじと見た。

いつもと特に変わった様子はなかったが、頬がやけに紅潮しているのが気になる。

「何処か、調子でも悪いのかい？」

心配して訊ねてみるが、当の孫はにやにやと薄気味悪い笑みを浮かべながら大木さんを無視して自分の部屋へと入っていった。

案じながら孫の背中を見つめていると、背負ったリュックから先端がザクザクに折れた木の棒が垣間見えた。

あれは一体、何だ。折れた杭か何かだろうか。しかし、何故あんな物を持ってきたのだ？

しかも、明らかにいつもと様子が違う。現場で何かあったのだろうか。

「タクマ！　ちょっといいかい」

不安そうな表情を浮かべながら、大木さんは孫の部屋へと入っていった。

自分の部屋に祖父が入ってきたことも分からないのか、タクマ君はその方向へは一瞥《いちべつ》もくれずに、出入り口には背を向けて胡座《あぐら》を掻いている。

大木さんは恐る恐る孫に近寄っていくと、正面から様子を見ることにした。

忍び足で孫の正面へ向かうと、思わずひぃっといった空気の抜けるような声を漏らしてしまった。

タクマ君は、折れた杭のようなものを抱きしめて、熱心に頬ずりしている。

杭の荒れた表面と彼の無精髭《ひげ》が擦り合って、ずぅりぃずぅりぃと厭な音を鳴らしていた。

「た、タクマ。お前……」

あきれ果てながらよく見ると、孫の股の辺りには先端の尖った赤茶色の金属部分が見える。

大木さんは、やっと杭状の物体の正体が分かった。

それは、シャベルであった。

大分古い物らしく金属部分は赤錆に侵食されており、木製の柄の部分は風雨に曝されたのか今にも朽ち果てんばかり見える。

そしてグリップの部分は折れてなくなっており、その部位はザクザクに鋭く尖っていて、まるで凶器である。

呆気に取られて見とれていると、目の前の頬ずりが激しくなってきた。

このまま放っておけば、孫の顔面がシャベルの柄に貫かれるような気がしてならない。

「止めてくれ、頼むから。な。な」

震える声でそう言いながら、大木さんはシャベルの柄に手を掛けた。

「うぉぅぅぅっ……うぉぅぅぅぅっ……うぉぅぅぅぅっ……」

まるで獣の唸り声を思わせる、不気味で低い音が聞こえ始めた。

とても人間とは思えない空恐ろしい声は、明らかに自分の孫の喉から発している。

まるで獲物を横取りされるのを威嚇《いかく》している音のように思えた。

「わ、分かった。分かったから。な」

大木さんはシャベルの柄から手を離すと、緊張したのかギクシャクとした足取りで孫の部屋から出ていった。

翌朝、大木さんは早朝に目を覚ました。

まだ陽は昇っておらず、外は真っ暗闇である。

いつもならタクマ君はもうすぐ出かける時間なのであるが、今朝は起きる気配すら感じられない。

昨晩のこともあって近寄り難くはあったが、そうも言っていられない。

「タクマ、そろそろ行く時間じゃないのかい」

そう言いながら障子を少しだけ開けて中を覗き込む。

部屋は薄暗く、人の気配は感じられない。

ひょっとしてもう仕事場に行ってしまったのだろうか。

安堵を得て部屋の明かりを点けてみると、心臓が止まりそうになってしまった。

タクマ君は昨晩と全く同じ格好をしながら、折れたシャベルを抱きかかえているではないか。

昨晩と異なる点は、障子側を向いて座っていたことである。

充血して狂気じみた眼を爛々《らんらん》と光らせながら、彼はシャベルに頬ずりをしていた。

頬や顎はヤスリのような柄によって細かく傷付けられており、柄のみならず畳にも血飛沫が飛び散っていた。

それを見るなり、大木さんはそっと障子を閉めて、急いで自分の部屋へと逃げ帰った。

まるで身を隠すかのように布団の中にくるまると、急激に襲いかかってきた全身の震えによって歯の根が合わなくなっている。

どうするか。どうするよ。おっかねえ、孫がおっかなくて仕方がない。

彼の頭の中では、これから起こり得るであろう惨劇がスローモーションで再生されていき、それに伴って身体の震えが強くなっていった。

どれくらい経過したのであろうか。

やがて、孫の部屋からどったんどったんと大がかりな音が聞こえてきた。

その騒音はすぐに終わったが、間もなく家全体に響くような凄まじい轟音が取って代わった。

一体、何をどうすればあんな音が鳴り響くのか。

大木さんは勇気を出して布団から抜け出すと、差し足で部屋まで歩み寄り、障子を少しだけ開けた。

「ああああっ、ああああああっ！」

驚きのあまり、言葉が上手く出てこない。

薄闇の中、タクマ君は小振りな懐中電灯を口で咥えて、畳の下にある地面を掘っていたのである。

先ほどのけたたましい物音は、畳を放り投げて、その下の下地板を打ち壊す音だったに違いない。

彼の両手には、例のシャベルが握りしめられている。

掘削する際に先端の鋭く尖った部分がタクマ君の手や腕に突き刺さったのか、彼の両腕は血塗れになっており、白いランニングも朱く染まっていた。

「お、おい！　タクマ！　止めてくれ！」

例のシャベルを奪い取って止めさせようと試みたが、無駄であった。

肉体労働で鍛え上げられた二十代男性に敵うはずもなく、獣のような咆哮で威嚇されて、力任せに突き飛ばされてしまった。

大木さんは腰を廊下の床にしたたかに打ち付けてしまい、暫くの間、呼吸すら困難な状態であった。

漸く身動きができる状態になると、急いで自分の部屋に逃げ込んだ。

無駄とは分かっていたが飯台を入り口まで動かして、防壁代わりにしてはみたものの、これからどうすべきかは想像も付かなかった。

ただ一つ言えることは、警察沙汰にだけはしたくなかった。

唯一の身内でもあるし、可愛い孫でもある。どうにかして救ってあげたい。

しかし、どうしたら良いものか。

あれこれ考えているうちに強烈な腰痛に襲われて、そのまま悶絶してしまったのである。


大木さんは全身の痛みに耐えきれずに目を覚ました。

身体を起こしただけで激痛に苛まれるが、孫が心配で仕方がない。

痛む身体に鞭打って、彼は孫の部屋まで這っていった。

家中に、不気味なまでの静寂が訪れている。

部屋の障子は開け放たれていたので、大木さんは顔だけ突っ込んで中を覗き込んだ。

「ひゃっ！　えらいこったでぇ！」

彼は慌てて玄関口まで急ぐと、急いで警察に電話を掛けたのである。

その部屋には、孫のタクマ君が大の字になって、仰向けで倒れていた。

横っ腹にはあのシャベルの柄が突き刺さっており、辺りを朱に変えていたのだ。

「……よくも、まあ。助かったもんだよ」

大木さんは皺《しわ》だらけの額を手で拭いながら言った。

「横っ腹だったから助かったらしいんだ」

タクマ君は奇跡的に命を取り留めたが、色々な面で社会復帰するには相当な時間が必要とのことであった。

彼はシャベルのことなど何一つ覚えておらず、自分が何故大怪我をしたのかさえも分からない状態であった。

しかし痛みに耐えながらもその笑顔は、いつものタクマ君に戻っていたのである。

「ああ、そうそう。これなんですけどね……」

大木さんはそう言いながら、鞄の中から何かを取り出した。

それは名刺大の、土で薄汚れた小さな木片のようなものである。

理由は分からないが、大怪我をして倒れていたタクマ君が、この木片を右手で握りしめていたらしいのだ。

実際に見せていただくと、表面には梵字《ぼんじ》のような文字が書かれていたが、不勉強な私では確証が持てる訳がなかった。

木片と睨めっこしながらうんうん唸っていると、大木さんはしびれを切らしたのか素早い仕草で木片を取り上げた。

「これから、お寺さんに持っていきますんで」

彼はぼそりとそう言った。

その後、大木さんとは連絡が付かなくなってしまい、その木片が何だったのかは今もって不明である。

廃バス

「じいちゃん、来たよっー！」

はち切れんばかりの瑞々しい声で、思わず結城さんの目尻が下がった。

「おおっ、翔君！　よく来たねえ」

都会へ嫁に行った娘さんが、息子とともに遊びに来たのである。

「じいちゃん、サワに連れてってよ」

ここから車で小一時間程走った後、三十分も歩けば辿り着く場所にちょっとした沢がある。

そういえば去年、連れて行く約束をしていたことを思い出した。

「よしよし、んじゃ明日な」

結城さんはそう言って翔君をあやすと、庭で冷やしている西瓜を取りに行った。

日中の気違いじみた暑さに比べると、早朝の空気はやけに澄み切っていて、少々肌寒くすら感じる。

結城さんは翔君の手をぎゅっと握りながら、山間の渓谷を眺めていた。

圧倒されんばかりの草いきれに包まれる前の、貴重な時間を堪能していた。

時折聞こえる鳥獣の嘯《うそぶ》きに思わず身体を硬直させる孫に、彼は暖かい視線を浴びせながら頭を撫でている。

珍しそうにキョロキョロと辺りに目を遣っていた翔君の視線が、一箇所に留まったまま動かなくなった。

「じいちゃん、あれなーに？」

孫の指し示す先には、樹々の隙間から大きなタイヤのようなものが垣間見えた。

「ん？　何だべなあ、車みてえだが」

結城さんは孫を連れてゆっくりと歩み寄っていった。

「うわあ、何でこげなものが……」

彼らの目の前に、中型のバスが転がっていた。

ボディの塗装は完膚無きまでに剥がれ落ちて、ガラスも全部なくなっている。

タイヤは乾燥しきっており、ゴムのひび割れが激しい状態であった。

車内は風雨に侵されたのか、全てがボロボロに崩れている。

「しかし、これは一体……」

結城さんの脳内が疑問符で埋め尽くされた。

この場所に来たのは久しぶりではあったが、ほんの一、二カ月しか経っていない。

そのときは、こんなバスは絶対になかった。

ということはつい最近、この廃車をこの場所までわざわざ運んできたのだろうか。

いやいや、明らかにおかしい。

こんな山の中腹までどうやって運んできたというのか。

大体、この山には獣道しかないので、大型車なんて通行する術がないではないか。

結城さんは注意深く辺りを見渡した。

この場違いな廃車以外は、見慣れた景色に異変は感じられない。

さてどうしたものか、と胸ポケットから煙草を取り出そうとしたときのこと。

ひぃっ、という短い悲鳴が隣から聞こえて、結城さんは煙草の箱を地面に落としてしまった。

すぐさま隣に視線を移すと、全身を小刻みに震わせながら、孫が真っ青な顔をしている。

そのとき、結城さんの身体に異変が起こった。

一瞬で両腕の皮膚が粟立ち、少しの衣擦れでさえ痛みを感じる程、全身の皮膚が過敏になっていったのである。

「じ……じ……じいちゃ……あ、あれ……ま、まど……窓にぃっ！」

結城さんは素早くバスの窓に目を遣るが、何処にもおかしなところはない。

しかし、何かを感じ取った彼は、恐怖感のあまりバスを見続けることができなくなってしまい、思わず視線を逸らした。

「窓がどうがしたのか？」

「か、か、か、か………」

「うん？　どうした？」

「か、か、か、か、かお。顔がいっぱいあるぅぅっよぉぉぉっ！」

「顔？　何の顔だい？　そんなもの何処にも……」

恐る恐る廃車へと戻した視線が、それらをしっかりと捉えてしまった。

窓枠からこちらを睨み付けている、十人程の子供の顔を。

いずれも黄色い帽子を被って、無表情でこちらを窺っていた。

堰《せき》を切ったかのように、結城さんは今まで味わったことのない恐怖感に埋め尽くされていく。

彼は孫の手をしっかりと握り直すと、その場から早足で立ち去っていった。

結城さんはそれ以来、あの場所には一度も足を運んでいない。

友人達の話によると、あそこに廃バスなんてないとのことである。

本当かどうかこの目で確かめたい気持ちはあるが、どうしてもその気にはなれなかった。

例の出来事以来、娘と孫の足も遠のいてしまった。

それだけが口惜しい、と彼は言った。

フロー

ミサさんの曽祖《そう》父が亡くなった。
園田家の直系であり、戦後家を栄えさせた大人物である。
九十歳を超えていたから大往生だと、親族が口にしたのを彼女は聞いた。
確かにそうかもしれないが、とても悲しかったことに変わりはない。

その曽祖父は、晩年少しボケが入り始めた。
最後の入院前辺りには、人を認識する能力がかなり失われつつあったのだ。
だからひ孫である彼女を見ても、まともに名を呼ぶことは殆どなくなっていた。
呼んだとしても自分の娘の名前か、タミやスエなどの古風な女性名が多い。
（ああ、性別だけは判別しているのだな）
何となく感心してしまった。
そんな曽祖父が病室でこんな言葉を何度か口走ったことがある。
フロー。

右手をこちらに伸ばして、思慕の表情を浮かべながらだ。

ただし、その柔らかな顔はすぐに苦悶の色へ変わる。

そしてまた〈フロー〉と繰り返すが、数回でぐったりとベッドへ横たわるのが常だった。


このフローであるが、注意して聞くと少々違っていた。

フロォ。フロォウィ。フローリン。フロレン。フローラ。

フから始まることは共通しているが、微妙に違っている。

一体何を意味しているのかネットで調べたが、どれもはっきりとしない。フローラに至ってはゲームや女神などについてしかヒットしない。

曽祖父に訊ねても当然満足な答えは返ってこなかった。

しかし、親族一同にある仮説が広まっていたことも確かだ。


――フローなど一連のアレは、欧米人の女性の名である。


曽祖父には四人の娘がいた。

長女は海外で産ませた子供であり、後に引き取ったのである。

その長女の母親の名が〈フロー〉である、らしい。これは曽祖父が直接話した訳でもない。出所は親族の一部である。

次女以下の三人は日本人女性との間にもうけられた。

時代が時代であり、当時の園田家に対し、世間の風当たりがきつかった。

が、曽祖父が地元で商売を当てたことで黙らせた部分があったようだ。

長女はミサさんの祖母である。

だからなのか、祖母、母親、ミサさんは手足が長く、背が高い。


この〈フロー〉の仮説には、ある怪談めいた話が纏わり付いている。

〈娘を奪われたフローは失意のうち、若くして死んだ。それから、園田の家に祟りをなした〉というのだ。

欧米人が祟る。

祟るのは日本的であるから、何となく違和感があるなとミサさんは思う。が、実際のところその言葉がしっくりくることが多いのも確かだ。

例えば、園田の家には曽祖父の代から女性しか生まれていないこと。

また、曽祖父の日本人妻は三人いたが、それぞれ子を産んですぐに夭折したこと。

その妻達の葬儀のとき、何故か〈珍しいガイジンの女〉を目撃した人間が多かったこと。

ガイジンの女を追いかけたが、目の前ですぅーっと姿が消えたこと。

曽祖父の長女以外の姉妹達は、その家系が細々とした不幸に見舞われていること。

……など枚挙に暇がない。

事実、ミサさんのお父さんは入り婿である。

他の親族も結局〈園田〉の名字ではなくなっているし、考えてみれば何処も夫以外は女性だらけだ。従姉妹はいても、従兄弟はいない。

たまに男児が生まれても死んでしまうとも聞く。


では何故曽祖父は欧米の女性と子供をなしたのか？

子供だけを奪うように引き取ったのか？

祟られるくらいなのだから、何か酷い事情が隠れているはずだ。

だが、この辺りは誰も知らない。きっと曽祖父はあまり語らなかったのだろう。

だから、真実はよく分からないままだ。


実は曽祖父の通夜の席で、ミサさんと従姉妹は見た。

紗のように薄く白い人影が曽祖父の棺桶そばに佇んでいたのを。

見ようによって海外の花嫁のようにも見えるそれは、口元に手を当て、肩を震わせていた——と思う。

しかし薄ぼんやりしすぎていて、目を凝らしてもそれが〈フロー〉なのか分からない。ましてや、泣いているのか、笑っているのかすらはっきりしない。

我に返ると同時にそれは消えた。

棺桶に吸い込まれたようだったから慌てて中を確かめる。

見た者全員がうめき声を上げた。

曽祖父の目がカッと開かれ、苦悶の表情に変わっていたのだ。

それからどうしてもまぶたは動かなかったが、朝になるといつの間にか閉じられていた。


ミサさんは思う。

(もし、私が結婚して、子供が生まれて、その子が男の子で、きちんと成長したなら)

多分、フローが許してくれた証拠だろう、と。

疫神

橋本さんは旦那さんの仕事の都合上、ある地方都市へと引っ越した。

家の周りは田圃と畑しかなかった所から、高層ビルが建ち並ぶ繁華な土地の、これまた高層マンションへの転居である。

今まで田舎暮らししかしてこなかった彼女にとって、一大事であったに違いない。

ましてや三歳の息子さんを伴ってのことであったのでかなり不安はあったが、そこは慣れるほかなかった。


新居から歩いて数分のところに、こぢんまりとして清潔そうな公園を発見した。

この界隈では珍しく交通量の激しくない道路に面しているせいか、ここを訪れるだけで喧噪から離れたような気になる。

橋本さんはこの公園を気に入って、時間を見つけては息子を連れて足を運ぶようになっていった。

何度か通っているうちに、この公園は近所の母親達による集会所のようなものであることが分かってきた。

春らしい陽気に溢れたある日のこと。

彼女は息子を連れて、公園のベンチに腰掛けていた。

紙パックのジュースを両手で持って、多少零しながらも懸命にストローを吸っている息子を見守っている。

バッグから取り出したハンカチで彼の口元を拭いていると、いきなり後ろから声を掛けられた。

「あれ、橋本さん……ですよね？　私は……」

その女性は横山と名乗り、橋本さんと同じマンションの同じ階に住んでいると言った。

横山さんの隣には自分の息子と同年齢と思われる、可愛らしい娘さんがにっこり微笑んでいる。

話を聞いていると、やはり息子と同じ年齢であった。

あれこれ世間話をしていくうちに、同じ年齢の子供を持つ母親同士ということで好意を持ったのか、横山さんは言った。

「今度、この辺りのママさん達に紹介しますね」

「ありがとうございます。是非お願いしますね！」

何となく周りのお母さん達から無視されているような気がして、疎外感に苛まれていた橋本さんは、彼女の言葉に嬉しそうに頷いた。

面白いように、次から次へと話が弾んでいく。

「そういえばね……」

横山さんは顔を顰《しか》めると、小声で話しかけてきた。

この界隈に、何とも説明の付かない子供がいるという。

意味が分からずきょとんとしていると、横山さんは声を潜めながらその子のことを教えてくれた。

「何処のお家の子か分からないんですけど……」

それは小さな女の子で、いつも真っ白な洋服を身に纏っているらしい。

そして同年代の子供を見つけると、保護者の目をかい潜って、いつの間にか一緒に遊んでいる。

「でもね……」

彼女と遊んだ子は、翌日になると必ず風邪を引いてしまうということであった。

そしてその症状はどんどん重篤《じゅうとく》化していき、必ずと言っていいほど入院する羽目になってしまうのだ。

例の白い服を着た幼女を公園で見掛けたある母親は、自分の子供に害が及ばないように彼女を公園から追い出そうとしたことがあった。

しかし三日後、そのお母さんは自宅で変死したという。

その表情は苦悶に満ち、全身が捻れたように曲がっていたらしいのだ。

「ふーん、そうなんですか……」

橋本さんは心配そうな表情をしながらも、内心では眉に唾を付けていた。

「まあ、あくまでも噂ですけど、ね」

横山さんは彼女の心を見透かしたように、笑いながら言った。

話はそこで終わったので、横山さんも本気で信じてはいないのであろう。


それから数日経過した、ある昼下がり。

橋本さんは息子とともに、例の公園でのんびりとした時を過ごしていた。

いつもは賑わうこの公園も、今日に限って何故か人がいない。

暫くぶりの開放感を味わいながら、彼女は持ってきた玩具を子供に与えて、ベンチの隣に座らせた。

それから先日買った文庫本に熱中していると、突然声が聞こえてきた。

「あらぁ、ボクちゃん楽しそうですね」

橋本さんはビクっと身体を動かすと、声の方向へと顔を向けた。

日傘を差した上品そうな老婦人が、微笑みながら話しかけてきたのであった。

「ええ、ありがとうございますっ……ええっ！」

ベンチの隣へ素早く視線を動かすと、いるはずの息子の姿はそこにはない。

慌てふためきながら、彼女は辺りを見回した。

「ほらっ、あそこよ。あそこで遊んでいるわよ」

老婦人の指し示す先には、立派な大木があった。

そこの下で、二人の子供が座って仲良く遊んでいる。

橋本さんはほっと胸を撫で下ろしながら、急いでその場へと向かっていった。

「良かったわね、龍ちゃん。お友達ができたの？」

きゃっきゃっと笑う息子の側には、可愛らしい女の子が俯き加減で座っていた。

その子は真新しい白のワンピースを着て、白くてツバの広い帽子を目深に被っている。

「遊んでくれてありがとうね」

橋本さんは女の子にそう言うと、辺りに目を遣った。

取り敢えず、この娘の保護者に挨拶してこなければ。しかし、保護者らしき人物は何処にも見当たらない。

「お嬢ちゃん、お母さんは何処？」

その問いに、女の子は黙して語ることはない。

「誰と一緒にここに来たのかな？」

そう優しく問いかけても、答えは返ってこない。

橋本さんの心の奥底に、何とも言えない厭な感覚がずんずんと芽生えてくる。

先日横山さんが言っていた奇妙な女の子とは、ひょっとしてこの娘ではないのだろうか。

でも、まさか。そんな訳ないはず。だって、あれはただの噂に違いないのだから。

しかし、服装や背格好は例の女の子と合致しているように思えてならない。

身体中にぞくぞくと這い上がってくるこの感覚は、ひょっとして何かの危険を告げているのではないだろうか。

橋本さんはこの場から離れようと、咄嗟に息子の手を掴んだ。

そのとき、大きな白い帽子がサッと上に動いた。

白粉でも塗りたくったかのような真っ白な皮膚に、紅の唇、そして黒目がちな眼。

「ひっ！」

橋本さんは思わず飛び退った。

女の子の黒目がちな眼から発せられる禍々しい眼光が、彼女を射竦《すく》める。

一瞬のうちに全身の力が抜けて、その場で膝から崩れ落ちた。

呼吸すら覚束《おぼつか》なくなっていると、娘の顔が滑るようにぬうっと近付いてきた。

「……苦しむといいよ」

冷酷そうな言葉を発した女の子の足下が、どろりと溶けた。

その溶解は白いエナメル靴を履いた両足から始まって、あっという間に上へ上へと侵食していく。

顔面と帽子が溶けてなくなってしまうのを待っていたかのように、橋本さんはその場で悲鳴を上げた。


「次の日、やっぱり息子は……」

咳と鼻水が酷くなってしまい、さらには高熱を出すようになってしまった。

慌てて病院へ駆け込んだところ、RSウィルス感染症と診断を受けて、そのまま五日ばかり入院することになった。

病室で苦しむ息子の姿を見て、橋本さんも酷く苦しんだのであった。

「今でも結構見掛けるんですよ、あの娘」

それからと言うもの、彼女は例の女の子を頻繁に目撃するようになってしまった。

目撃すると言っても公園限定であって、他の場所では一切ない。

気味が悪くて少々遠い公園へと変えてはみたが、それでも決まってあの女の子を目撃してしまう。

たまに何処かの母子と一緒に遊んでいる所を目撃するが、恐ろしくて助言はおろか近寄ることすらできなかったそうである。

赤い奴

今し方までチージーと騒いでいたニイニイゼミも泣き止んで、コウモリ達が徘徊し始めていた。

宵闇が迫りくる最中、熊田君はタモツが振りかぶって投げた柔らかいボールを、プラスティック製のバットで思い切り振り抜いた。

ピンク色のボールは思いの外飛距離を伸ばして、隣家の畑を軽く飛び越すと、田圃へと続く細い道を転々と転がり続けていく。

「あーあ、本気で打つなっつったべや」

タモツは愚痴を溢しながら、遠くへ転がっていくボールを追いかけている。

「ゴメン、ゴメンな」

熊田君も慌ててタモツの後を追いかけていった。

今日は既にボールを二個もなくしており、またなくしてしまったら暫く野球ができなくなってしまう。

野球と言っても二人で投手と打者を交代しているだけではあったが、最近はこの遊びに夢中になっていたのである。

闇が迫ってきているせいか、日中はやけに目立つこのボールも次第に目立たなくなってきていた。

「ヤベェ、見つかんねえべよ」

タモツの失意に満ちた声が聞こえてくる。

全力で走っていた熊田君の足も、次第に重くなっていった。

「やっちゃったんだべか」

既に田圃には苗が植わっていて、その中にボールが入ったのであればもはや諦めるしかない。

例え田圃に入っていなくても、用水路に転がり込んで何処かへ流されてしまった可能性もある。

暫くの間探してはみたものの、暗くなってきたこともあって、捜し物は全然見つからない。

「そろそろ、帰んねえと。かーちゃんに叩かれる」

タモツは額の汗を拭いながら、残念そうな口調で言った。

見つからないものはどうしようもない。ボールは惜しかったが、熊田君も諦めるほかなかった。

「うん。もう帰っぺ」

自転車を取りに、野球をしていた小さな路地まで戻ることにした。

その路地は民家や蔵に囲まれたコの字型になっており、いつもの野球をするにはもってこいの場所である。

その袋小路のような場所に、何処から紛れ込んでしまったのか、鶏が一羽佇んでいたのである。

「何だ、あれ。さっきまでいなかったべな」

タモツはそう言いながら、地面に落ちているバットを取り上げた。

「ちっしょう、悔しいな。ボールさえ見っかってればなあ」

そしてそのバットを思いっきり振り上げると、鶏目がけて思いっきり振り下ろした。

熊田君は止めようと思ったが、その余裕は全くなかった。

タモツのバットは軽い音を立てて、鶏の向かって右脇に叩き込まれた。

「コォオオッー!」

けたたましい鳴き声を上げて、鶏は逃げ惑う。

大きく羽をバタつかせて、一生懸命逃げようとしている。

「へへへへっ！　ビビった？　当てる訳ないじゃん！」

おどけながら、甲高い音色を使って言った。

「そうらっ！　そうらっ！」

タモツは面白がって、バットを振り下ろし続けた。

熊田君も最初のうちは笑っていたが、流石《さすが》にもう帰らないといけない時間になっていることに気が付いた。

「タモツ、もう帰っぺ！」

そう言いながらくるりと後ろを向いた。

そして目の前の光景に魂を抜かれてしまったかのように、そのまま固まってしまった。

え。え。え。何だこれ。え。え。え。あああああああ！

この場所は、いつの間にか大量の鶏に囲まれている。

十や二十の数ではない。その三倍もの鶏が、小さな路地を埋め尽くしていたのだ。

その先頭にいる馬鹿でかい奴が、頭を小刻みに動かし始めた。

それに伴い、これまた大きな真紅の鶏冠《とさか》が右へ左へ行ったり来たりしている。

鋭い嘴《くちばし》と爪のみならず、眼光までもが彼を震え上がらせた。

鶏冠と頬の左右から垂れ下がっている、おぞましく朱い肉の塊が揺らめいている。

「……やっべえ、タモツ！　逃げっつぉっ！」

慌てて振り向いたタモツは、真っ青な顔をしながら熊田君の元まで走ってきた。

しかしここから逃げ出すには、あの鶏の群れを突っ切らなければならない。

「ううう、うおっっっっおおおおおぉぉぉっっ！」

バットを振り回しながら、タモツが先頭切って駆けていく。

熊田君は続いていくが、鶏達が羽をバタバタさせながら襲いかかってくる。

辺りに舞い昇る白い羽が視界を遮《さえぎ》って、二人の足を鈍らせる。

気を取り直して前方に目を遣ると、タモツの足下に鶏の集団が群がっていた。

そしてタモツは奴らの鋭い嘴で酷く踝《くるぶし》を突かれて、あまりの痛みからか転んでしまった。

しかし、熊田君には彼を助ける余裕はなかった。

そのままタモツを置き去りにしたまま、自転車の場所まで辿り着くことに成功した。

飛び乗るように自転車のサドルに腰掛けたとき、突然右肩を軽く叩かれた。

「おめえら、こつけな遅くまで何やってんだ」

心臓が飛び出るほど驚いた熊田君は、思わず悲鳴を上げてしまった。

よく見てみると、その正体は近所のおじさんであった。

熊田君は助けを求めようと、泣きべそを掻きながらおじさんに訴えた。

「あぁっ？　おめえ、何言ってんだ？」

鶏なんて何処にいるって言うんだ。おじさんは笑っている。

だって後ろに一杯いるじゃないか、と言ったものの、振り向いたその先には鶏など一羽もいない。

塵芥《ちりあくた》のように舞っていた無数の羽は何処にも見当たらないし、地面に残っているはずの足跡すら一つもなかった。

ただ、タモツだけが一人で手足をバタバタさせながら地面をのたうち回っている。

「早く帰れ、な。悪いことは言わねえから」

おじさんはそう言って、畑の方向へと背を向けると、徐々に消えていった。

嘴で突かれて痛む両足を庇っているせいもあったが、家路へと向かう彼らの足取りもやけに重かった。

何処かで見た顔

「最初は喜んでたんですけどね」

　山崎さんは仕事の都合で、東北地方の片田舎に引っ越してきた。

　風光明媚な場所であると聞いていたので大いに期待していたのだが、彼の想像を遙かに凌駕していたのである。

　畑や水田に囲まれた、水も空気も旨い土地。そんなイメージは、この地に一歩足を踏み入れただけで崩れ去ってしまった。

　一言で言い表すとしたら、まさしく「荒野」という言葉がぴったりとくるであろう、そんな何もなく辺鄙《へんぴ》な場所である。

　賃貸ではあるが一軒家に住むことになったが、まず隣家との距離が異様に遠いのである。

　引っ越しの挨拶にと軽い気持ちで家を出たまでは良かったが、二軒回っただけでへとへとになってしまった。

　また、スーパーやコンビニが近くにないため、買い物に行くには車で行く以外に方法がなく、物凄く不便であった。

「家の近くにコンビニの看板があったもので……」

初めは安堵していたが、そこに小さく書いてある「ここから五キロ先」の文言を見たときは、この目が信じられなかった。

「後は、街灯が殆どないことですね」

彼は「泳ぐような闇」というものをこの地に来て初めて体験した。

「まあ、それでも大分慣れてはきたんですがね……」


鬱陶《うっとう》しい雨が一休みをして、暫くぶりの晴天に恵まれたある日曜日のこと。

山崎さんは久しぶりに家中の窓を全開にして、室内の湿気を追い出すべく換気をしていた。

もうすぐ夏がやってくるとはいえ少々肌寒い季節ではあったが、それがまた心地よかった。

爽やかな風でリフレッシュしながら、彼は温かいコーヒーを飲んで寛いでいた。

音楽でも聴こうかと思っていたとき、何処からともなく動物の悲鳴のような音が聞こえてきた。

「最初は、猫か犬かと思ってたんですが」

その音は急に近付いてきたかと思ったら、すぐに遠くなっていく。その繰り返しであった。

気になって耳を澄まして注意深く聞いていると、どうやら数人の子供達のはしゃいでいる音のように思えた。

正体が分かれば何てことはない。彼はすぐさま興味を失い、音楽プレーヤーへと歩いていった。

ここに来て気に入ったことの一つに、窓を開けていても大音量で音楽が聴けることがある。

電源を入れて再生ボタンを押そうとしたとき、彼の指がふと止まった。

待てよ。この近辺に幼稚園や学校の類はないはず。

さらに、近所に小さな子供がいる家も思い当たらない。

もしかしたら、隣村の子供達がわざわざ遊びに来たのであろうか。

しかし、車でもなければここまで来るのは酷く骨が折れるはず。

ひょっとしたら、子供じゃなくて動物か何かなのだろうか。

一度でも気になってしまうと、自分なりに納得するまでは頭の中がそれだけになってしまうところが、山崎さんの悪い癖であった。

気になって気になって仕方がなくなってしまい、彼は音の原因を確認しに行くことにした。

愛用の自転車に乗って、山崎さんは音声のする方向に向かってペダルを漕いでいる。

不思議なことに、その方向はあっちこっちに移動しているかのように、捉え所が全くなかった。

時刻はお昼頃を迎えたのか、空腹で彼のお腹が鳴り始めた。

「こりゃ、無理だなって思って」

諦めて自宅へ戻ることにした。

今日は何を食べようかな、などと考えながらペダルを漕いでいると、いきなり急ブレーキを掛けることになってしまった。

耳障りな音を奏でながら自転車が停止すると、彼の視線は一点に釘付けになっていた。

道路から少しだけ逸れた開けた土地に、五～六人の子供がしゃがみ込んで遊んでいたのである。

「これは絶対間違いないのですが……」

聞こえてくる音に弄ばれて何度もこの道を通ったが、こんな子供達は何処にもいなかったはず。

しかし、子供達はまるで以前からここで遊んでいたかのように、何かの遊びに没頭している。

「次はケンくんの番だ！」

「うん！　じゃあ、行くぞ！」

彼らはどうやらメンコ遊びをしているらしく、昨日までの雨でぬかるんだ地面にダンボールを敷いていた。

しかし、あの子供達、何処かで見たような気がしてならない。

山崎さんは必死に記憶の糸を手繰《たぐ》り寄せるが、頭の片隅に軽い痛みが走るばかりで一向に思い出せない。

いつだったかな、何処だったかな。考えれば考えるほど、記憶も相反して遠くなっていく気がする。

そのとき、こちらの存在が気になったのであろうか。

一人の背の高い子供が山崎さんのほうを振り向くと、一生懸命駆けてきた。

黒字にオレンジのロゴが入った野球帽を目深に被った、長髪の男の子である。

「ねえ、おじさん！」

何処かで見たような服装と顔立ちの少年がなれなれしく話しかけてきた。

「ねえ、おじさん！」

「……あ、ああ。何だい？」

山崎さんはぎこちない笑みを浮かべながら応えた。

「おじさん、さあ……」

「はい？」

「おじさん、沼にだけは行っちゃいけないよ」

その子供は急に真顔になって、大人のような声色で言った。

呆気に取られた山崎さんが押し黙っていると、その子供はくるりと踵《きびす》を返すと仲間達のほうへと戻っていった。

そしてそのままフェイドアウトするかのように、子供達全員がしぼむようにその場から消えてしまったのである。

今見たばかりの光景が信じられずに、山崎さんは目を凝らして辺りを丹念に見回した。

いない。絶対いたはずなのに、何処にもいない。一体、何処へ消えたんだ。

一体、何が起きているのか。理解することができなくて、山崎さんは子供達がいた場所へと小走りに向かっていった。

昨日まで振っていた雨のせいで地面が大分ぬかるんでいて、やけに足を取られる。

子供達が隠れそうな場所を隈なく探しているのだが、彼らは何処にもいない。

〈……ん、待てよ？〉

山崎さんの動きが止まった。

目を凝らして、地面をつぶさに確認する。

ない。ない。何処にもない。足跡が一つも残っていないではないか。

まるで何者かに魅入られたかのように暫く身動き一つしなかったが、直後に驚くほどの早さで自転車へ乗り込んだ。

そしてそのまま、ほぼノーブレーキで自宅へと逃げるように帰ったのである。


山崎さんは少年に言われた言葉が気になって仕方がなかった。

そしてあくまでも「念のため」に、「沼」にだけは近付かないように細心の注意を払って生活している。

しかし、どうしてそこまで「沼」に囚われてしまったのであろうか。

それには訳がある。

後日、用事があって実家に一泊したときに、彼は自分の少年時代の写真が収められたアルバムを見つけた。

懐かしそうにパラパラと頁を捲っていると、彼の視線はある頁に釘付けになってしまった。

心臓が早鐘を打ち続け、掌が厭な汗で湿り気を帯びている。

そこには、黒字にオレンジのロゴが入った野球帽を被った小学生の自分が、友人達と一緒に微笑んでいたのである。
それは、あのとき見た連中そのままであった。

もし、誰かの遺体をあなたが最初に見つけたら

「やっぱり恐山のが有名ですけど、うちの実家のほうにも似たようなのありましたよ」

志藤さんの御出身は宮城県だが、地元では単に「口寄せ」と言っていた。

東北地方には全般に似通った風習、或いは「務めを果たすことを期待された者」がいるようで、多くの場合、女性の口寄せがその任に当たる。

口寄せのすることは恐山のイタコと概ね同じであるが、志藤さんの地元では口寄せの身体を借りるのは「若くして死んだ人」や「この世にまだ未練がある人」とされている。

死者は口寄せの身体を借りて、未練について生者に口伝えする、という。

それは極めて具体的な内容であることも稀にはあるが、おおよそは「死の直前、死の瞬間に気に留めていたことなど」が多く、生者の期待に死者が応えるといった性質のものは多くはない。

遺言を当人の死後に聞くようなもの、だろうか。

「ああ、近いかも」

志藤さんの地元の、笠木さんというお婆さんの末期の話。

笠木さんは、日頃矍鑠《かくしゃく》として、日々の野良仕事も欠かさない元気なお婆さんだった。

その日も、畑に出ようと玄関先で身支度を調えていた。

笠木さんは、いつもなら出がけに大抵は一言掛けて出ていくのだが、この日に限って「行ってくるよ」の声がない。

お嫁さんが朝餉《あさげ》の片付けをしながら、「今日はやけにもたついているな」と訝《いぶか》っていたところ、玄関から〈どさっ〉と何かが崩れ落ちる音が聞こえた。

何事か、と台所から顔を突き出すと、玄関先にもんどり打って倒れた義母が蹲《うずくま》っているのが見えた。

あっ——。

動転はしていたが、お嫁さんの行動は早かった。

義母は昏倒しており既に意識は失っている。自発呼吸も途絶えているようだ。

一刻も早く、人を、車を呼ばなければ。

この時間、家には自分しかいない。

誰でもいいから、隣家に助けを求めなければ。

脱兎の如く駆け出し、隣家に転がり込んで救急車を頼み、その足で再び義母の元へ駆け戻ってきた。

だがしかし、戻ってみると笠木さんは既に事切れていた。

お嫁さんは、咄嗟に人を恃《たの》んで救急車も呼んだ。すべきことは全部した。

笠木さんも随分な高齢であったし、急なことだから仕方がない。

救急隊員の話では、「お嫁さんが気付いたときには、恐らく既に亡くなっていたでしょう」ということだった。

親族は「あんたは十分手を尽くしたじゃないか」とお嫁さんを慰めたが、あまりにも突然で何も挨拶できなかったことを、お嫁さん自身は酷く悔やんでいた。

「婆ちゃんもあんまり急だったから、何か思い残してることあるかもしれん。挨拶したいんなら、頼んでみたらどうだ」

頼む、とは〈口寄せ〉をお願いしてみる、ということだ。

この地では取り立てて特別なことではないので、それで気が晴れるならと相成った。

呼ばれてきた〈口寄せ〉は壮年の女性で、もごもごと頼み事のようなものを唱えると、すぐに笠木さんが〈降りて〉きた。

すると、笠木さんに身体を貸した〈口寄せ〉が、笠木さんの声で言った。

『あんた、何で声掛けてくれんかったか』

あのとき確かに、お嫁さんは人を呼ぶことを最優先として走った。

そのことは間違っていないはずだが、結果として笠木さんと言葉を交わすことは叶わなくなってしまった。

「お義母さん、ちゃんと挨拶できんですみません」

お嫁さんが〈別れの挨拶〉ができなかったことを詫びようとすると、口寄せの身体を借りた笠木さんは、

『あのとき、わたしゃあんたに声を掛けてほしかった。名前を呼んでほしかった。なのに、あんたさっさと行ってもうて』

と、そのことをずっと心残りに思っていたのだ。

お嫁さんが繰り返しそのことを詫びると、漸く納得したようだった。


「……要するにね。意識がなくても、こちらの声が聞こえていなくても、もしかしたらもう事切れていても、瞳孔が開いていても、身体が冷たくなっていたとしても。亡くなった直後ならまだそこに留まっているので、最初に見つけた人は声を掛けてあげたほうがいい

んですよ」

身体が亡くなっていても、まだそこにいるから。

言葉にして声を掛けてあげないと届かないし、人生の最期に見送ってくれた人から何も言葉がないということを、亡くなった人は亡くなった後も気にするから——。

「もし、誰かの死に接する機会があったら、このことを思い出してくださいね——」

高校時代、大貴君には光司郎という友人がいた。

彼にはある悩みがあった。

〈あり得ないモノがいるとき、ある匂いを感じる〉ことだ。

それは本人曰く、変なレモンの香りだった。

何故変なのか。

当人曰く、爽やかな芳香に生臭みや青臭さが混じったものだから、らしい。

本物や香料との違いははっきりしており、間違えることはないという。

あり得ないモノとは、言うならばお化けや妖怪っぽいもの、もしくは全身がズタボロの人間だと聞いた。それらがいる方角から臭いが漂ってくる、と。

それらがどういう姿か具体的に教えてほしいと訊ねても困った顔をされる。

言葉にできないようだ。

代わりに画を何度か描いてもらったが、光司郎自身イラストが不得手なので落書きにしか見えない。まるで幼稚園児の描くお化けっぽいものから壁画のようなものまで様々だった。

「とにかく、何かそこにいるんだな」

「うん。気持ち悪いんだ」

だから、光司郎は「あ、あの変なレモンの臭いがする」と言いながら、ある方向を向く。

とはいえ、こちらがそこに目を凝らしても本人のように何かが臭ったり、特別何かが見える訳ではない。

ちょっとした異変が起こるだけだ。

例えば、駐輪場の自転車が勝手に倒れる。

或いは、街灯が明滅する。

又は、部屋のドアがひとりでに開く。

この程度のことであるが、やはり気持ちがよいものではない。

光司郎本人も意識せずに言葉にするので、何となくバツが悪そうだった。

「できるだけ言わないようにしているんだけど。ごめん」

「いや、お前が何も口に出さなくても、変なことはある訳だから、気にするな」

そう言っても彼は余計に恐縮する。掛ける言葉は難しかった。

そんな光司郎が酷く興奮した口調で「臭う」と連呼したことがある。

場所は高校から帰宅途中にある、大きめの道路だった。

「変なレモンの臭いが強い。こんなの初めてだ。すごい。あそこ」

言いたくない彼がここまで昂《たか》ぶっているのは初めてだ。

指差した先は対岸の歩道近く、そこにつむじ風のように渦巻く黒い煙が見えた。大きさは人間の背丈くらいはあるか。

焚き火のような煙ではなく、何処か不自然な色合いに思える。

見ているうちにとても気分が悪くなった。足から力が抜け、膝が笑い出す。

光司郎も同じらしく、二人して顔を見合わせてしまう。

「逃げよう」

すぐにその場を立ち去った。数百メートル離れたとき、やっと体調が戻ったことを覚えている。こんなことは初めてだった。

「光司郎、黒いつむじ風見た？」

「……お前にはそう見えたんだなぁ」

彼は他のものを目撃していた。ただ、決して見たものに関して口を割らなかった。

「言いたくない」

それだけを繰り返した。余程きつい物を目の当たりにしたようだった。

だから、しつこく訊くのは止めた。
翌日、通学途中に、黒い煙の場所を通った。
そこは何か事故があったのか、砕けたランプの樹脂やタイヤのスリップ痕がある。
路面には砂などが撒かれていたが、油なのか血液対策なのかよく分からない。
その日の夜には花束やお供え物があった。
調べると、若い男女の死亡事故が起きていた。

高校卒業後、光司郎は大学の関係で他県へ出た。かなり遠い場所だ。
数年経ったある日、彼からこんな電話が掛かってきた。
『大貴、あのさぁ、最近ひでーんだよ』
あの変なレモンの臭いが毎日する。何処へ行っても、何時でもずっと。
しかし何も見えない。何も起こらない。これまでになかったことだ。
それに臭いは日増しに強くなっていく。
『最近、鼻が痛いくらいでさぁ』
何だろうと考えても、大貴君に分かるはずもなかった。
それから数日後、また光司郎から電話が入った。

『レモンの臭い消えた。他の香りは感じてる。鼻は正常みたいなんだけど』

ふうん、それならよかったじゃないか、そう答えたが光司郎は何か納得がいかないようだった――が。

それから間もなく、ある災害直後から光司郎の携帯に繋がらなくなった。

そして、そのまま彼は消息不明となった。

災害が関係しているのか、それとも違うのかすら分からない。多分、当日に被災地にはいなかったはずだ。が、それも確証はない。

携帯電話は何故か災害が起こる前日に解約されていた。

どうも本人が手続きをした節がある。

二十歳を越えた頃、使いたい機種があるからと親の名義から一人だけ抜け、新たなキャリアと契約していたことで発覚が遅れた。

事件性があるのかどうか。警察に届け出ているが、それすらはっきりせぬまま時間だけが過ぎていく。

今も光司郎は見つかっていない。

多分何処かで生きているのだ、ひょっこり戻ってくるのだと友人知人、御家族ともに信じ、手を尽くしながら彼を待っている。

「だから、あの災害のことは忘れられないし、忘れては駄目と思うんです。光司郎は巻き込まれたに違いない、様々なことを調べれば調べるほどそう感じます。対岸の火事だと思ってはいけないんです。喉元過ぎれば、では駄目なんです——」

大貴君は強く言い切る。

まるで光司郎のことと災害を関連付け、絶対に忘れてはならないと自分に言い聞かせているかのような印象だった。

死骸

伏見さんは学生の頃、渓流釣りに凝っていた時期があった。

「春になると、毎年のように行ってました」

近くに人がいると集中できない彼は、人のいない所、いない所へとついつい向かってしまう。

必然的に、山の奥のほうへと単身足を伸ばしてしまうのだ。

単身での釣行は危険なのでお勧めできませんが、と彼は言う。

「でも、やっぱり。人気のないところは釣れるんですよ」


ある日のこと。

比較的まとまった休みを取得できた伏見さんは、東北地方の深山へと釣りに出かけた。

解禁日を過ぎたばかりのその渓流は、雪解け水が流れ込んでいて大分冷たい。

道中所々に釣り人を見掛けたため、彼はいつものように山の奥へと一歩一歩進んでいった。

好天に恵まれたせいか、照りつける陽光がやけに暑く感じる。

暫くの間歩き続けて、彼は厚めの上着をバックパックへと仕舞うと、手頃な岩で小休止を取った。

岩に腰掛けて、何げなく辺りを見回す。

鳥や獣の息吹は感じられるが、自分以外に人間はいないだろう。

「んあっー、気持ちいいっー！」

手足を伸ばしながら、新鮮な空気で肺を一杯にする。

そして視線を地面に移すと、何かの死骸が目に入ってきた。

それは、一匹の小柄な狸であった。

何かに襲われたのであろうか、全身を鋭い爪のようなもので切り裂かれてズタズタになっている。

死後結構経っているらしく、脂気を失った体毛は血液で凝固しており、身体も硬直しているようであった。

彼はその死骸を埋葬しようと考えて、地面を掘るのに手頃な枝や石を探し始めた。

あちらこちら探し回っていると、またしても死んだ獣を発見した。

今度は小さな齧歯《げっし》類で、先ほど同様身体を切り裂かれていた。

「うわあ、こりゃ酷い。何にやられたんだろう」

彼は自分の身にも危険を感じたのか、深呼吸をしてから辺りを具《つぶさ》に確かめ始めた。

「何だ、こりゃ！」

ここいら近辺を探索したところ、驚くべきことになっていた。

この辺りは、生き物の死骸だらけであったのだ。

もちろん、獣だけではない。鳥や虫の類はあちこちに落ちていたし、川の付近では岩魚や山女魚も腐敗していた。

ざっと歩き回って調べた結果、どうやらこの大きな岩を中心として生き物が死んでいたのである。

「もしや……」

かの有名な殺生石《せっしょういし》のことが頭を過ぎったが、死骸の状態から判断すると明らかに違うようであった。

異臭もしないことから有毒ガスが流れ出しているとは考えられなかったし、そもそもあの爪痕は明らかに他の生物にやられたものではないか。

彼は首を傾げながら、岩の上に再度腰掛けた。

ガサッ……ガサッ……ガサッ……ガサッ……ガサッ……。

何かが、動く音が聞こえる。

何かが、近付いてくる。

彼は即座に身構えると、音の鳴る方向へと視線を向けた。

右手には、小振りのナイフをしっかりと握りしめている。

魚を捌くためのものであったが、護身用としても使えるだろう。

ガサッ……ガサッ……ガサッ……ガサッ……ガサッ……。

厭な音が近付いてくる。もうすぐ、その姿が明らかになる。

「あっ……あっ……ウソだろう！」

その正体は先ほど発見した、小柄な狸の死骸であった。

まるで息を吹き返したかのように自然に歩いているではないか。もちろん、身体はザクザクに切り裂かれて、目は虚ろな光を放っている。

両手足をぎこちなく動かしながら、じわりじわりと近付いてくる。

迫りくる恐怖に、精一杯身構える。

その距離が、次第に狭まっていく。

「あっ、来たっ！」

そう思った瞬間、その狸が突然倒れた。

そして続け様に、腐敗していたはずの山女魚がビチビチと躍動を始めた。

水飛沫が彼の顔まで飛んできて、彼の口内へと飛び込んでくる。

恐ろしい程の腐敗臭が一気に鼻孔内に充満し、彼は思わず嘔吐した。

やがて、魚の動きが急激に止まった。

ガサッサッ……ガサッサッ……ガサッサッ……ガサッサッ……ガサッサッ……。

今までとは明らかに違う、比べものにならない程大きな何者かが、ゆっくり近付いてくる音が聞こえる。

心なしか地面も揺れているような、そんな気がして仕方がない。

〈これは、もう駄目でしょ！〉

彼は荷物をそそくさと纏め、急いでその場から立ち去っていった。


「あれって、どういうことなんですかね」

だって、絶対に死んでいたんですよ、あいつら。おかしいじゃないですか。

だから一人での釣りは勧められないんだ、と伏見さんは語気を強めた。

神楽《かぐら》

御両親が亡くなってから暫くの間、吾妻さんは気忙しい日々を過ごしていた。

相次いでの急逝ではあったが、両親共に相当な高齢であったことや長年の病を経て逝ったことなどを考えれば、やむを得ない話ではあったし相応の覚悟もできてはいた。

法事や弔問を捌く日々を過ごし、周囲の人々が故人について忘れ始め吾妻さん自身も忌事から解放されたと思い始めた頃になって、漸く両親の遺産の整理に手が付いた。

幸いにして遺族の間に醜い対立や収奪合戦も起こらず、恙《つつが》なく遺産相続が片付いた。

吾妻さんが両親から相続したものの中に一軒の別荘が含まれていた。

不動産物件は幾つか所有していたようだったが、それらはあくまで親の財産であったし、それらの全てを吾妻さんが承知していた訳ではない。まして、別荘があったなどついぞ知らなかった。

「神奈川県……うーん、葉山か」

葉山といえば神奈川県の海沿いに位置する一角《ひとかど》の別荘地である。

相模灘を前に、晴れた日には借景に遠く富士山までを見晴らすことができる眺望の良さ。

海水浴場やヨットのマリーナにも近い。

子供の頃に葉山に行った記憶などないし、成人してからも葉山の別荘の話が出たことなど一度もなかったので、現地も現物にも全く心当たりがない。

書類上は既に吾妻さんのものとなっていたが、とにかく一度見にいってみた。

車を飛ばしていくと、葉山の御用邸に程近い森の中にその別荘はあった。

あの両親が買えるくらいだから、もっとこぢんまりしたものかと思い込んでいたのだが、繁る樹々の中に建つ別荘は、館とも屋敷とも言えるような大きく立派な建物だった。

数寄屋造りのそれは決して新しい建物ではなく、どちらかといえば古屋敷ではあったが、建物に傷みはなく庭も相応に広い。最寄り駅から遠いこと、道が分かりにくいなど交通の便は今ひとつである点を差し引いても、隠れ家的な別荘と思えば悪くない。

屋敷の中を検《あらた》めてみたところ、こちらも申し分ない。軋《きし》みも腐りも雨漏りもない。

小綺麗な二階の一室に入り窓を開け放つと、大きく開けた視界一杯に海が広がる。

耳を澄ますと浜辺に寄せては返す波の音が微かに聞こえてくるし、富士山もよく見える。

今の吾妻さんがここに住む住まないはともかくとしても、資産価値は十分にありそうだ。

「親父達、いつのまにこんな良物件を手に入れてたんだろ」

こんないいところがあると知っていれば、生前一緒にここで夏を過ごして親孝行の一つもしてやればよかったかな、と僅かにそれが悔やまれた。

ふと見下ろすと、敷地の片隅に小屋のようなものが見えた。

樹々の陰に隠れ、屋根と構造物の一部しか見えない。

物置だろうか、と建物の裏手に下りてみる。

下生えや叢《くさむら》を掻き分けた中から現れたそれは、小さく粗末な社と朽ちかけた鳥居だった。

きちんと手入れをされた屋敷と見比べると、何ともみすぼらしい。

吾妻さんの家では特にこれといって何かの氏神を拝んでいたという謂われも伝統もなく、生前の両親からこの別荘のことを何一つ聞かされていなかったのと同じく、この社の主についても特に言伝らしきものは聞いていない。

この屋敷を自家用の別荘に使うにせよ、いずれ転売するにせよ、この社は屋敷に似つかわしくない。いっそ取り壊してしまおうか。

「でも……これ、壊しちまってもいいものなのかな」

特段に何処かの神様を拝んでいるということはないが、それにしたところでこんな粗末なものであっても宗教的遺構には変わりない。

どうあしらっていいものか見当が付かず、「誰か詳しい人はいないか」と方々に相談を持ちかけたのだが、なかなかよい助言に巡り会うことができなかった。

「……っていう話を吾妻さんから聞いてさあ」

間宮家の食卓でそんな話題が出た。

旦那さんは付き合いのある吾妻さんから「瓢箪《ひょうたん》から駒が出たが、駒以外にも何だかオマケが付いてて」と途方に暮れている、という話を聞かされてきたらしい。

「へえ。葉山に別荘、ですか」

間宮家の奥さんは、夕餉《ゆうげ》のおかずに手を伸ばしながら相槌を打った。

「色々片付いたら、別荘は売りに出すらしいよ」

「でも、お社があるんでしょう？　勝手に壊したら、確かに罰が当たりそうね」

「そうだねえ。だから困ってるんだってさ。そういうのに詳しい人はいないか、って」

そういうの、というのは神様とか宗教とか祟りとか、そういったもののことを指すのだろうが、生憎《あいにく》、間宮夫妻にはそうした心当たりはなかったので、食卓の世間話以上には発展しなかった。

「ともあれ、うちには到底縁がなさそうだけど、過ごすにせよ売るにせよ羨ましい話ですよ。上手く話が纏まって、高く売れるといいわねえ」

「あやかりたいねえ」

夫妻は茶を啜《すす》りながら頷き合った。


その夜のこと。

間宮さんの奥さんは、夜半過ぎに目を覚ました。

夫婦仲良く寝室に潜り込んでから幾許《いくばく》も過ぎていないはずで、隣から旦那さんの寝息が聞こえてくる。

寝直そうと寝返りを打ったところで、夫の寝息に混じって耳慣れない異音が響いてきた。

――ふわあああああん。ふわあああああああん。

それは間延びした笛の音色のように思えた。

笛と言っても、リコーダーやフルートのような西洋管楽器のそれとは全く違う。

強いて言えば、笙《しょう》などのような和楽器だろうか。

雅やかなような、神聖なようなそういう場でのみ聞く笛の音色。

そう意識した途端、鼓の音も聞こえてきた。

――トントントコトントコトントントコトコトントントン。

皮を張り詰めた小さな鼓の縁を撥《ばち》で叩き、拍子を刻む。

笙と合わせて、これはお囃子《はやし》なのではないかと思われた。

そして板張りの廊下をテンテンと踏んで舞う足音が重なる。リズミカルなステップを踏むそれは、何かがお囃子に合わせて踊っている様子を思わせた。

雅楽、能、狂言、田楽——神楽。

いつだったか、神社で見た奉納のお神楽がこんな具合ではなかったか。

巫女さんの舞い踊る様をふと思い出して目を開いた。

そこには、狐がいた。

身体は艶やかな白。尻尾は大きくふわふわ。

そして目鼻は銀色に縁取られている。身体のそれも白ではなく銀色に近い。

身体は大きくライオンや虎ほどもある。

宙を踏んで舞う大きな白狐の周囲を、別の狐が二匹、飛び回る。

こちらの二匹は猫ほどの可愛らしい大きさで、白狐を慕うような、或いはこれに従うかのようだった。

見とれているうち、お囃子の音はどんどん大きくなっていった。

まるでお囃子が奥さんと旦那さんの間に割って入ったかのような近さだ。

流石にうるさすぎて、横たわっていられなくなった奥さんは堪らず身体を起こした。

旦那さんはというと変わらず寝息を立てている。

よくこの騒音の中で眠っていられるものだ——と呆れかけたところで、ハタと思い立つ。

もしや、自分は何かの用事があって呼ばれているのではないか、と。

何に呼ばれているのかは分からないが、おずおずと声を出してみた。

「あの、何の御用でしょうか」

訊ねてみるが、返答はない。

だが、問うた途端に頭の中にワッと何かが雪崩《なだ》れ込んできた。

聞いたこともないような祝詞。

見知らぬ神主がそれを一心に唱える様子。

神主が御幣を振るその先の机の上には白木の三方《さんぽう》が幾つか置かれている。

塩、生米、白い徳利、それにふわふわに揚がって美味しそうな油揚げ。

徳利の中身は御神酒だろうか。いずれも三方から溢れんばかりに山盛りになっている。

三方が供えられた机の先に、小さな掛け軸がある。

掛け軸には大きな狐と天女が描かれており——。

そこまでを見せられた後、お囃子がパタリと止んだ。

寝室は鎮まり返り、白狐も三方も神主も天女も何もかもが消え——。

暗転。

旦那さんの寝息だけがすうすうと聞こえてくる。

いや、最初から夫婦以外の何者もいなかったはずなのであって。

奥さんは会心した。

伝えろ、ということか。

お狐様が油揚げを御所望だ、と。


「昨夜、夢を見たのだけど」

翌朝、間宮家の朝食の席で、奥さんは旦那さんに前夜の出来事を話した。

決して夢ではなかったのだが、夢ではないことを夫に説明し理解させ納得させるのは殊更《ことさら》面倒で、朝の忙しい時間にそのことに時間を割きたくはなかったので、夢ということにしておいた。

「吾妻さんでしたっけ？　葉山のお屋敷の人に、一応伝えておいたほうがいいかもしれませんよ」

特にこれと言って具体的な指示はなかったが、奥さんが見た「夢」という狐と天女と神主が現れた話を旦那さんは面白がった。

間宮さんの旦那さんが言付かってきた奥さんの話を、吾妻さんは半信半疑で聞いた。

「まあ、うちの家内が夢で見たってだけの話ですから。あんまりお役に立てませんで」

他に手掛かりとなるような伝手は結局見つからなかったのだが、狐の話は気にはなった。

結局、どう扱うことになるにせよ鳥居のあるものだから神主を呼ぶのが良かろう、ということになった。

件の朽ちた社を一同で検めてみたところ、社の中から陶器の狐が出てきた。

真っ白い艶やかな器肌を持った、大きな狐像の目鼻と口は、美しい銀色に縁取られていたという。

インガオーホー

伊東さんは以前ワーキングホリデーで某国を訪れたことがある。

そこには彼女のように〈海外への憧れ〉で来ている日本人もいれば、もっと具体的な目的を持っている人もいた。

もちろん日本以外から来た他国の人たちも同じような感じである。

当然かどうかは知らないが、ワーキングホリデー仲間で集うことが多かった。

基本的に誰も彼もがいい人たちだった、と思う。

が、中には所謂《いわゆる》〈鼻摘まみもの〉もいたのは確かだ。

例えば、某国の人は人種差別的な発言が多く、他者に対し攻撃的だった。

「じゃあ、何故ここへ来たの？」

当たり前の質問に対し、その人は平然と答えた。

「他国のアホみたいなところをこの目で見るためさ」

本気でそう思っているのか、最後まで分からなかった。

このワーキングホリデーの集団に二人の男がいた。
同じ国から来ていた彼らもまた、嫌われ者だった。
暴言が多く、また、自分のルーツに多大な自信を持っているのか他国を認めない。
人の物を勝手に使う、持ち出す、盗む。
男性に対しては攻撃的、女性に対しては度を超したボディタッチをしてくる。
当初、皆はフレンドリーにしていたが、すぐに離れていった。

あるとき、彼らは日本人女性に近付いた。
園さんという。
伊東さんと現地で仲良くなった人だった。
小柄で美人、人当たりもよかったからか、男女問わず人気がある。
その彼女に嫌われ者二人が近付いた。
甘い言葉を掛けるが、どうもそれは隙あらば……という態度がにじみ出ている。
園さんは毅然《きぜん》とした態度で彼らを突っぱねた。
面白くないのは彼らであり、すぐに彼女へいやがらせを始める。
それもあっさり無視されれば、今度は周囲に悪い噂を流し始めた。

「あの女は泥棒だ。それに、息を吐《は》くように嘘を吐《つ》く」

「あの女はインバイだ。男にすぐなびく」

しかし周りが誰の味方をするかと言えば明白だ。

業を煮やした連中は園さんへ再び攻撃を始めた。

何度かあわやということがあったが、友人知人が助けに入り、事なきを得た。

「もう我慢せずに、それなりの行動を取らないと」

誰しもが彼女を心配する。

「大丈夫。ちょっと、あの人たちやりすぎたと思う」

どういうことか訊ねると、にっこり笑ってこう答えた。


――そろそろ、彼らは酷い目に遭うと思うよ。


全員首を捻っていたが、果たしてその言葉通りになった。

嫌われ者は大金を落としたり、病気や怪我に悩まされ始めたのだ。

周りが助けることもなく、弱っていく。

そしてトドメとばかりに、この国から強制退去となった。

どうも就労関係で〈やらかした〉らしい。

詳細を知る人曰く「何故あのタイミングでバレたのか。それが謎だ」。

まるで全ての出来事が上手く重なったとしか思えないようなことであった。

彼らを嫌っていた人々は皆、それを密かに喜んだ。


退去後、同じアパートメントにシェアして住んでいた人たちが教えてくれた。

「連中〈モンスターが部屋に出る〉って繰り返し喚いていたぞ」

夜中、廊下へ出て悲鳴を上げていたようだ。

モンスターだの何だの英語で叫ぶ声が筒抜けだった。

「何かドラッグでもやっていたんじゃないの？」

「あり得るね」

「まあ、それでもモンスターが見えるなんて、あいつらガキだよな」と笑い話になった。


ところが、園さんはこんなことをみんなに教えてくれた。

「いやー、多分、彼らが悪いことばっかりするから、罰が当たったんだよ」

よく理解できない。

「私の家、お寺だからねぇ」

こちらに来るとき、般若心経の経本とお数珠《じゅず》などを持ってきていたという。

それらを小さく纏め、いつも持っているバッグに入れていた。

それらを奴らは盗み、破ったり壊したりしてから彼女の部屋の前に棄てたのだ。

「そんなことして、無事に済む訳ないよねー」

顔は笑っていたが、目は笑っていなかったのが印象的だった。

とはいえ、出身国によっては仏教や仏罰などに関して理解が難しい人もいる。

そんな人たちの間で、まことしやかにこんな噂が流れた。

〈ソノは憎い相手を呪うことができるウイッチ《呪術師》だ〉と。

彼らの会話にはＣｕｒｓｅという単語が所々に出てきて、日本人などは驚いた。

「呪いより、因果応報だよねぇ、あれは」

日本人全員で英語の場合はと調べ上げ、何度も繰り返して説明した。これにより何とか誤解を解いたのは言うまでもない。

それから〈インガオーホー〉という言葉が流行った。

微妙に間違った用法もあったが、苦笑いしてスルーしたのも、今はいい思い出だ。

が、ただ一つ謎は残った。
あの嫌われ者達が見た〈モンスター〉。
それが何であったのか、今となっては知る由もない。

ちゅうする

芦屋さんは言う。

この話は、話半分で聞いてください、と。


彼は出張で向かった先で、こんな人々に出会った。

夜、一人で食事と酒を楽しむために個人経営の居酒屋へ出かけたときのことだ。

そこは穴場中の穴場……と言う訳ではなく、ネットで検索すればヒットする。

カウンターへ通され注文をした後、店内をぐるりと見渡せば、何か騒がしい一団がいた。

無闇にうるさく耳障りだ。

標準語ではなく、またこの地方の訛《なま》りでもない。

申し訳ない、変な客が来ていてと店主が頭を下げた。

「何なの？　あれ？」

訊ねれば困った顔になる。小さな声で耳打ちするように教えてくれた。

「何かの団体みたいです」

話の内容を聞けば、なるほどそうらしい。

自分以外に客がいない理由が何となく分かった。

関わり合いになるのはイヤだが、他の店に行くのも癪《しゃく》だった。

「開店から来ているので、そろそろ出ていくと思います」

店主の言う通り、集団は会計をし、外へ出ていった。

ただ、二人ほど残って酒を飲み続けている。四十代くらいの男達だ。吊り上がった目をしており、色が白い。

何か言葉を交わし合っているが、さっきより静かだからまだマシだ。

杯を重ねるうち、いつの間にか両隣に彼らが陣取っていた。

「あンた、ここらの人や？」

なれなれしい口調だ。関西の訛りがあった。

否定すれば、何かゴチャゴチャ言い始める。

発電所がどうだ、再稼働がどうだと、答えに窮《きゅう》することばかりだ。

職業がら、こういった話題は避けることにしている。

よく分からない、知らないを連発しているうち、彼らは諦めたようだ。

「にいちゃン、あンたは何処から来たンや？」

適当に相槌を打っているうち、彼らが身の上を話し始めた。興味がないのであまり覚えていない。何か辛い目にあっただの、貧困はアレだの聞きたくない話でしかない。

「でなぁ、若い頃、ある人に出会って、わしら変わったンや」

ある人とは預言者で、神様の声を聞き、人を導く人物だと自慢げだ。

センセイ――と呼ばれているようで、新宗教の教祖様としか思えない。

わしら、子供の頃からゴンタやったろ？　それに両親おらへんかったし。だから悪いことばかりしとった。悪たれ坊主やったンやけど、センセイのお陰で変われた……こう繰り返す。何となく浪花節的な言い回しが目立った。

「中学卒業して、高校入って、卒業してから、そンでセンセイのために働くようになった」

「そうや。〈ちゅうしとる〉ンや」

ちゅう？　何のことかと訊けば、てんちゅうのちゅうだと鼻高々だ。

てんちゅう。天誅か。ならば、ちゅうは〈誅〉だろう。

ここから先は、彼らの話である。

○○会という、センセイの主催する団体があった。

センセイの言う神様には名前はなく、ただ「神様」と称していた。

その神様の奇跡を何度か見せてもらったことがある。
死にかけた病人に手をかざし、一週間後には立ち上がれるまでに回復させる。
難病を消し去る。
空の雲を指差すうち、それが人の形になる。
悪霊に取り憑かれた人間を救い、あっという間に社会復帰させる。
また、目の前に死んだ人を呼び出し、自由自在に操ったりもした。
その中で各種予言を行うが、どれも的中していたので舌を巻いたことがある。
会は次第に高名となった。
だから、新しい参加者を募ることはしない。来るべき人間は自らこの会の門を叩く。
来た人間はセンセイの審査、所謂お眼鏡に適えば入会できる。
気が付けば、会員は十数人に増えていた。いずれもが精鋭と言えた。
自分達以外は金持ちであったり、何か地位を持っている人間ばかりだった。
自分達は会の中で「ポリス」という役目を与えられ、働いている。
ポリスは会の中で悪いことをする人間に罰を与えることを主な目的にしている。
罰を与えることを〈誅する〉と称する。
これは神様の罰、天誅である、そんな説明をセンセイはしていた。

悪いことをしているかしていないかを判断するのはセンセイであり、その指定された人間を〈誅して〉いた。

会に来た人間は次第に〈真人間になり〉、世の役に立つ人間となっていった。

それは自分達もであり、センセイが拾ってくれなければきっと非合法な団体に席を持ち、犯罪に手を染めていただろうと思う。

それから時間が過ぎ、ここ数年はセンセイの指示で日本国中を動くようになった。

日本のためにならないもの全てを〈誅して回る〉のだ。

全国津々浦々走り回り、良くない神社仏閣を荒らし、神像仏像を盗み、破壊する。

拝み屋やそれに類するものは偽物だらけなので、懲らしめた。


「今も、誅しとるとこや」

「そうそう。ここに来たのもな！　センセイに行け、言われたんや」

彼らは大声を出して笑う。

そういえば、と再び喋り出した。


神社を何軒も荒らし回っているうち、おかしなことが起こるようになった。

例えば、夜中に目が覚めると路上に蹲っていることがある。

通行人に声を掛けられたのだが、誅している道中なので、顔を見られたくない逃げ出した後、身体中がベタベタするので、調べたら血だらけだった。

全身に深い傷があるが、痛みがない。目覚める間に何があったのかは分からない。

また、白昼意識が突然途切れることが多くあった。

気が付くと川や沼、海へ首まで浸かっている。慌てて岸へ上がれば、手足や胴体に切り傷が刻まれていた。やはり痛みはなかった。

センセイに報告すると〈それは神様に敵対している勢力の仕業だ。私も対抗し、お前達を護るが、自身も負けないよう頑張ってほしい〉と頼まれる。

ああ、そうか、それならと納得した。


「だから、わしら、身体中傷だらけや」

「名誉の負傷やな」

彼らは服を捲ってこちらに傷跡を見せつけてきた。

確かに、引きつれたような赤く太い線が多数ある。膨らんだものやへこんだもの、様々だがどれも大怪我の痕にしか思えない。

芦屋さんは男達の顔を交互に眺める。

傷を晒《さら》しながらうっとりとしたその顔に思わず嫌悪感を抱いた。

話題を変え、少しだけ付き合った後に席を立つ。

会計を済ませ、逃げるように外へ出た。宿まで何度も何度も後ろを振り返りながら走った。男達が付いてきそうな気がしたからだ。部屋へ着くまで気が気ではなかった。


ベッドに入ってからも悪夢を立て続けに見、何度も起きてしまう。

夜が明け、外が明るくなる時間、何となくほっとしてカーテンを開けた。

三階から下を眺めたとき、心臓が口から飛び出るかと思った。

あの二人組らしき輩がホテルの下を歩いていたからだ。

フード付きの上着で顔を隠しているので、昨日の男達か判然としない。が、多分そうだとしか考えられない。

身を隠しながら下を覗いていたが、二時間ほど連中はそこから動かなかった。

人通りが増えてからやっと二人組は逃げるように姿を消した。

芦屋さんは地元へ帰るまで一瞬も気が抜けなかった。

一体何故自分を追ってきたのか理解できない。ふと、誅という言葉が浮かんだ。

ともかく身の安全を確信できるまでの数週間、怯えながら生活する羽目になったことは確かである。

結局、あの二人が本当のことを言っていたのかは確かめようがない。

それに、居酒屋にいた団体との関係も分からない。

だから話半分に、と思ったんですと芦屋さんは言う。

しかし、ここ最近の寺社を荒らしたり仏像などを壊す事件の報道を見ていると、再び身が凍りそうなほど震えてしまう。

まさか、あいつらが〈誅して回っているのか〉、と――。

果て

竹井という男がいる。

小学校の頃から横暴で、周りから疎まれることが多い人物だった。

要するに〈悪たれ〉である。

父親が歳を取ってから若い後妻に産ませた子供であった。

当然溺愛し、甘やかした。これが竹井のわがまま振りに拍車を掛けたのだろうか。

否。育成環境も原因であった。

実家は土建業を営んでいたが、噂によれば非合法団体との癒着《ゆちゃく》、或いは関連会社であるという。確かに竹井の会社に出入りしている男達は強面《こわもて》が多かったし、そもそも竹井の父親や歳の離れた兄はどう見てもその筋の人間にしか思えない風体であった。

そんな家で育てば暴れ者になるのは当然だった。

竹井は成長するに従ってグレた。

今でいうマイルドヤンキーなどという半端な物ではない。

当初は半グレグループを率いていたが、すぐに父親絡みの非合法団体がケツ持ちに付く。

こうなるともう怖いものなしであり、自分の意に介さないものは全て暴力か金でどうにかするのが当たり前となった。

とはいえ、流石に人目に付くところでは何もしない。

夜中に相手を拉致する。

欲しい女はさらう。

そしてどれも〈容赦のない暴力と脅し〉で訴え出られなくしてしまうのだ。

一度狙われたら逃げることはできず、結局相手はいつの間にか地域から姿を消してしまう。何処かへ売られた、沈められたというのがまことしやかに語られた。


この竹井は高校を卒業すると家の関連会社の社長に収まった。

その関連会社も税金対策のペーパーカンパニーであるともっぱらの噂であった。

だから、仕事などある訳がない。

平日昼間から後輩連中を連れて遊び回る竹井の姿がよく見られたものだ。

学生時代と全く変わらない行動で、周囲からすれば鼻摘まみ者のままであった。

しかし、竹井が二十代後半になる頃、事態は一変した。

突然実家の会社が関連企業を含めて倒産した。

バックの団体から圧力を掛けられたか、何か責任を取らされたようだった。

竹井の父親と兄はそれぞれ自ら命を絶った。

これは追い込みを掛けられた結果、自殺させられたのだというのが大方の予想である。

保険金がどうなったか、それぞれの妻や娘達がどうなったか誰も知らない。

当然竹井本人もこれまでのようなケツ持ちの威光がなくなり、あっという間に人が離れた。

もちろんこれまでのように好き放題はできない。

これまでエゴを通してきた人間からすれば耐えられないだろう。

結果、一人で罪を犯し、壁の向こうへ送られた。

数年後、出所してきて故郷へ戻ってきたが、再び無法を働くようになった。

が、しかし、間もなく竹井は死んでしまった。

最期を看取った人曰く「普通の死に方ではなかった」という。

彼は竹井に金を貸していたのだが、ある深夜、借金を返済せよと詰め寄った。

「明日なら返せる。今晩、これから大金が入る。明日の昼、俺のアパートまで来い」

竹井は腹を立てたような口調で指定してきた。

それを信じて翌日部屋まで行ったところ、異臭が鼻を衝く。

ドアは鍵が掛かっておらず、中へ入った。

竹井は、中のドアノブで首を吊っていた。

おかしいのは、その首が酷く伸びていたことと、少し見ただけで分かるほど腐敗が始まっていたことだ。

体内にガスが溜まったのか知らないが、腹が恐ろしく膨れていた。

真冬である。

部屋は冷え切っていたし、暖房器具もなかったと記憶している。

前日まで生きていた人間がここまで腐るものなのか。

その後、彼は警察絡みの不愉快な事情聴取でかなりの手間を取らされた、と溢《こぼ》す。

「金も戻ってこないし、アイツには最後まで迷惑を掛けられて、イヤな目に遭わされた」


竹井の家がなくなる少し前のことを知る人物がいる。

竹井が駄目になったのは、理由があるのだと教えてくれた。

「あそこの土建屋、やっちゃったんだな。手ェ出しちゃいけないもんに手、出したんだ」

そんな風に語る。

ある土地では、数か所を詐欺まがいに入手し、海外の資産家へ売ったのだ。

持ち主があやふやになった土地が狙い目である。権利を入手する際、幾つかのステップを踏んでしまえば誰も口が出せなくなるからだ。

それはバックの組織とその関連団体の命令により、行われたものだった。

中には〈曰く付きの土地〉や〈人が手を出してはいけない場所〉が多数含まれていた。

そのせいだろうか。

件の土地の売買直後から会社は傾いた。

また、バックの組織が何らかの動きを見せたのか、竹井の会社界隈が騒がしくなった。

「最低限の支払いを貰おうと、人手に渡る前の事務所に行ったんだよ。ほら、俺も関わっていた仕事があったから」

竹井達は焼酎を飲んでいたので付き合った。

この頃になると竹井も父親も兄もげっそりとした表情で風体すら変わっている。

グイグイとコップを煽っていた彼らが、突然一斉に倒れ込んだ。

ソファや床に突っ伏している。

酔いつぶれたかと思えば、少し様子が違っていた。

声を掛けながら近付いたとき、思わずギョッとしてしまった。

彼ら全員の目、鼻、耳から何かヌルヌルした物が漏れ出していたからだ。

それはヘビ花火のような形と色であったが、濡れた感じがする。

次から次にそのヘビ花火状のものがこぼれ落ちていった。

残った口からは低い念仏のような声が始まる。

あーうーあーうーあーううん、あー、みたいな意味不明な唸りに近い。

これも同じく、竹井、その父、その兄全員である。

気持ち悪いのでその場を離れたが、それから数日後、竹井の父親と兄が死んだと聞いた。

自殺だと言うが、ああこれは違うなとすぐに思った。色々な意味で。


竹井の連中が皆あんなことになったのは、当たり前のことだよと言う。

「手ェ出しちゃいけない土地に手ェ出したんだ。それもそれをあんな国に売る。アホの極みさ。ま、それに長年あんなことをやってた果ての報いでもあるし、ね」

竹井は、いや、竹井の家は神社仏閣などに関する場所も人知れず荒らしていた。

また、自分達が買った土地を整地する際、そこにあった祠《ほこら》などは破壊し棄てる。出てきた金目の物は売る、を繰り返していたらしい。

特に竹井が率先してやっていた節もある。

末っ子の息子が、多分トドメを出したんだよ、とその人物は笑った。

地蔵

「うちの実家のお婆ちゃんがボケてもうてね」

小さいお家なんですけども——と謙遜するが部屋が十二からある平屋などというから、殆ど武家屋敷みたいなものだろう。

彼女が高校生だったとき、祖母が軽度の痴呆を発症し始めた。

特に徘徊癖が顕著で、ある日の夕方に出たきり一晩経っても家に帰らなかった。

(どうして警察に言わんのやろ)

彼女は思ったが、父は世間体を重視した。

二晩目が明けた朝、「せやけどどこぞで行き倒れてもな」と助言を受けて父は漸く捜そうと言い出した。

父が親戚に電話をしているとき、庭先を通って祖母が帰ってきた。

試験休みだった彼女は、ほっとして部屋で過ごしていた。

二晩ぶりに帰宅した祖母がそこへやってきて、手招きする。

（お婆ちゃん……休まんでええん？）

小遣いでもくれそうな表情だったので、彼女は連れられて祖母の部屋に付いていく。

部屋の前で、祖母はにっこり笑って、

「まんまんさんがお出《い》でや」

と言った。

「まんまんさん？」と聞き返すと「氏神さまや」と答える。

まんまんさんは京都弁で神様を意味する。神様、氏神様とお地蔵様、それぞれ何がどう違うのか、彼女ははっきりと知らない。

狼狽《うろた》える彼女をよそに、祖母は障子を開けて部屋を見せた。

机、座椅子が一対と箪笥《たんす》と鏡台があるだけの質素な部屋である。

だがいつもなら布団が敷いてある部屋の中央――そこに見慣れぬものが一つ鎮座していた。

地蔵だった。

一メートルほどはあるだろう、立派な、古いものだった。

「お婆ちゃん!?　これ、お地蔵さんやないの!!」

祖母は「シィーッ」と人差し指を立てて唇に当てる。

二晩も徘徊して、何処からかこれを拾ってきたのだ。

「氏神さんにな、おまんまお供えせんとならんでな。ゆりちゃん、よろしゅうな」

厭だなぁ、と思ったゆりちゃんだったが、痴呆の祖母を怒らせると長引く。

仕方がなく茶の間に行き、煎餅を数枚取ってきた。

「これでええ?」

「何やこれ?　こんなん角のスーパーで売ってる奴!　お勝手になんぼでも置いてありますやろ」

こんなものをお地蔵様のお供えにはできないと、祖母は突っぱねる。

確かに台所に行けば食べ物はあるだろうが、母に見つかると色々と面倒になる。

「まあ、お婆ちゃんもこれ好きやろ。あげるだけあげてみ」

祖母は渋々ながら、お地蔵様の前に煎餅を重ねて置いた。

ピシッ。

乾いた音がして重ねた煎餅が割れた。

(え――何で?　手ぇ離した後なのに)

祖母が割ったのではない。

不思議に思いつつ、彼女は退散した。

二日ほど経った日の夜、また祖母に呼ばれた。

「ゆりちゃん、夕飯食べんで気使うたやろ。お母はんの料理美味《うま》ないか。嫌なら嫌ぁでええで」

彼女はダイエット中で、夕食を抜くことが多かった。

それを祖母に見咎められるたびにこう言われ、説教されるのだ。

だがこの日は少し違った。

「でな、ゆりちゃんのぶん、『食べる～』いうて、もろうてこんか。お供えするで」

断る理由はない。それでお説教を免れるならそれに越したことはないし、何より祖母は子供のように目を輝かせていたのだから。

言われた通り、彼女は母の部屋に行き、御飯ちょうだいと言った。

「勉強しながら部屋で食べる」と言うと、余り物が一つの盆に綺麗に配膳された。

「お婆ちゃんこれ」

祖母は部屋の前の縁側で待っていた。

「おお、見違うたわ。ゆりちゃんは料理できるんか。いつぞの煎餅女と違うて、いい嫁なるわ」

話が噛み合わない。

痴呆のせいとも、いつもの嫌味とも取れた。

「それで、お婆ちゃんが『お供えしといて』て言うんで、お供えしたんですよ。そしたら」

彼女は、いつの間にか自分がお供え役にされていることに引っかかりながら、逆らうのも面倒に感じて諾々《じゃくじゃく》と従った。

薄暗い蛍光灯の下、部屋の中央にあるお地蔵様の前に、夕食の膳を据える。

「そしたら縁側から『じゃ、婆は散歩出るでな』て言いはるんですよ。私も『えっ、今から!?』て吃驚《びっくり》して。慌てて部屋出てお婆ちゃん追いかけたんです。この状況でまた朝まで帰らなかったら、私も言い逃れできひんでしょう。ダダダッて駆け寄って――」

縁側を歩いてゆく祖母に駆け寄った彼女は、外出を控えるか、お供え物を下げるよう迫った。お供えの食事は彼女が母に頼んで作らせたことが明白な以上、このまま地蔵の存在が知られれば彼女が問い詰められることになる。

声を潜めつつそう力説したが、祖母には何のことか分からないらしく上の空である。

少しぼうっとした祖母は、突然ハッとして、こう言った。

「シッ。シンとしてな。氏神さん、お上がりや」

え、と彼女は止まった。

静かに耳を澄ますと、異音が聞こえた。

〈ビッチャ　ビッチャ　グッチャ　ビタンッ〉

振り返ると、音は確かに祖母の部屋のほうから聞こえる。

〈ドンッ　ビタッ　カシャン　クチャクチャ〉

茶碗の擦れる音が混じる。

野良猫か、それにしては音が大きいが、今時野犬など——と思いつつ、彼女は室内を覗き込んだ。

瞬間、音は止んだ。

ラップが引き裂かれ、彼女が運んだばかりの膳は荒らし尽くされていた。

食べ散らかしたというよりは——ただただ酷く荒らされており、膳の周辺のみならず、椀が転がって襖にまで飛び散っていたのだ。

野犬どころか猫の子一匹室内にはいない。

一つの地蔵が、和室の中央に鎮座しているだけだ。

「何これ……」

両手で握り潰されたような鮭が、畳の上に落ちていた。

御飯は半分程が味噌汁の椀に没し、残り半分は襖のほうに向かって飛び散っており、その先で茶碗がまだコロコロと力なく転がり続けていた。

普通ではない。

「忙しない神さんや。えらいよろしゅうおあがりましたなぁ」

ヒヒヒ、と祖母は笑った。

確かに——普通に考えてお供え物とは、食べるためにするのだろう。だが、実際に食べられることはないし、もし食べられたとしても、こんな風にされるのは——。

「かなわんなぁ。行儀の悪いまんまんさんや。えらいこぼして。ゆりちゃん、これ仕舞ってや」

行儀——悪いのは行儀なのだろうか。

彼女は、暫くピクリとも動けず、立ち尽くしていた。


「お婆ちゃんはその後すぐ、入院させられましたね」

もちろん、地蔵のことはすぐに知れた。

父は祖母が、一体何処からどうやって地蔵を持ってきたのかと煩悶《はんもん》した。

重さは二十キロ近くあり、絶対に運べない訳ではないにしろ、老いた身でこれを運ぶのは困難を極める。

庭や縁側にできた傷などからして恐らく転がしたのだろうが、縁側に上げるときはかなり難儀しただろう。

返すにしても何処から持ってきたのか分からない。

相当劣化の進んだ古いもので苔生《こけむ》しており、祖母が自分で買ったとは到底思えない。

今にして思えば、どうにか由来や持ち主を探す方法もあったのかもしれないが、少なくとも父は八方手を尽くしたようには見えなかった。

父は、持ち主が分かるまでと言って納屋にそれを隠すことにしたが、すぐに気が変わって庭の池に沈めてしまった。

「池、言いましてもそんな深くありませんやろ？　上から、お地蔵さんが見えはるんで」

父はさらに土を被せ、地蔵が見えないようにした。

彼女は大学進学とともに実家を出、卒業して嫁ぐとすぐ父が他界した。母も病床に伏しがちになり、大阪の兄が引き取って面倒を見ている。

祖母は存命で、入院してはいるが矍鑠としているという。

皮肉なことに、家に残ったのは食べ方の汚い地蔵ただ一つだった。

いたずら

アキラは路傍に設置された石碑やお地蔵さんを見掛けると、必ず丁寧にお辞儀をしている。どんな場所でも、どんな状況でも、これだけは必ず行っている。

信心深いと言ってしまえばそれまでであるが、彼の場合は少々訳ありなのであった。

アキラが小学校二年生のとき、友人のカイと下校していた。

「そういえば、近道見つけたんだ！」

カイのその言葉に、アキラは目を輝かせた。

普段見慣れた道ではなく、まだ知らない道を歩くことに何とも言えない魅力を感じていたのである。

「こっちこっち」

先頭を歩くカイの後を付いていくと、確かに訳の分からない方向へと向かっていく。

田圃の畦道《あぜみち》ならばまだ良いほうで、獣道と思われるような道らしからぬ道までずんずん先に進んでいった。

小さな山の麓《ふもと》にある小振りな田圃の脇を曲がった辺りで、アキラの足がふと止まった。

「どうしたの？」

付いて来ない友人を不審に思ったカイが訊ねた。

「カイ、これなあに？」

アキラの指し示す先には、半ば雑草に埋もれるようにして、小さな石碑のようなものが建っている。

「さあ、知らないけど」

かぶりを振る友人に視線もくれずに、アキラはまじまじと石碑を見つめていた。

人気もまばらな舗装もされていない砂利道の脇に、どうしてこんな物があるのであろうか。

それは長方形の形をしていて、正面にお地蔵さんを思わせる人形《ひとがた》が浮き出ている。

何かの目的で造られたのであろうが、何も書かれていないせいで、それを判断する材料が一つもない。

ここで、ある考えがアキラの脳内に閃いた。

彼はランドセルを背中から下ろし、筆箱から黒の油性ペンを取り出した。

そしてキャップを取ると、石碑に悪戯書きをし始めたのである。

「アキラ、止めたほうがいいよ」

カイは辺りをキョロキョロと見回しながら、そう釘を刺した。

しかしアキラは気にも留めず、書き終わった途端に、今度は石碑に蹴りを入れ始めた。

流石に子供の蹴り程度では壊れるものではなかったが、それがより一層彼の気持ちを昂ぶらせた。

すぐさま筆箱からカッターナイフを取り出して、人形の顔面の顔を削り始めたのである。

石を鉄で削る乾いた音が辺りに鳴り響く。

「ねえ、もう帰ろうよ！」

怖くなったカイの言葉にアキラは不満だったらしく、次は地面に落ちている石を石碑にぶつけ始めた。

かつん、かつんと軽快な音が響き渡る。

「じゃあ、バイバイ」

カイは心底恐ろしくなったらしく、顔を青ざめて小走りで駆けていった。

それを見てアキラは腹を抱えて笑っていたが、突然重要なことに気が付いた。

「カイ、待ってよ！」

知らない道に一人で残されることに気が付いて、アキラは急いで友人の後を追った。

結構な距離を走ったせいか、アキラは息を切らせながら帰宅した。

二階の自室に向かおうとしたとき、居間から呼ぶ声が聞こえた。

「アキラっ！　ちょっと来いっ！」

怒気をたっぷりと含んだ、祖父の声であった。

何かしたっけ、と不安そうに居間に入ると、いきなり頭に鋭い痛みが走った。

「いってぇ！　じいちゃん、何で？」

少しだけ盛り上がった頭部を抑えながらアキラが口に出すと、祖父は顔を真っ赤にしながら説教をし始めた。

「お前、こんなもの飲んでいいと思ってんのか！」

ほぼ空になった日本酒の一升瓶を右手に持ちながら、とくとくと諭している。

酒はまだ飲んじゃいけない、人の物は勝手に飲んじゃいけない、これは正月に飲むはずの酒だった、等々。

祖父の話を纏めると、こういうことであった。

十分程前にアキラは無言で帰宅するなり、祖父の部屋へと直行した。

驚く祖父の目の前で、棚に仕舞っていた日本酒の栓をいきなり開けると、それを一気に飲み干してしまった。

そして、一言「まずい」と呟くと、空になった一升瓶を放り投げて、二階へと向かったのであった。

しかし、アキラにとっては何一つ身に覚えがないことである。

「でも、オレ知らないよ」

泣きべそを掻きながらそう言ったところ、祖父の顔面がますます紅潮していった。

これはまずいと悟ったのか、アキラは泣きながら謝ることにした。

身に覚えがないことに変わりはなかったが、とにかく謝り続けた。

「二度とするなよ、分かったな！」

祖父のその言葉に何度も頷くと、アキラは悄然《しょうぜん》としながら自室へ入っていった。

「アキラ、ごはんよ！」

階下から母親の呼ぶ声で、彼は食卓へと向かっていった。

父親はまだ帰ってくる時間ではなかったし、高校生の兄は部活動で遅くなるらしい。

自分と母親、そして祖父の三人で夕飯を食べていると、はぁはぁと息を切らした兄が帰ってきた。

「ただいま」

不機嫌そうな声でそう言うなり、兄はアキラの席へと向かってきた。

そしていきなり、彼の右頬を激しく引っぱたいた。

咀嚼《そしゃく》していた野菜炒めを周囲に飛び散らせながら、アキラは頬を抑えつつ兄の顔を思いっきり睨み付けた。

今にも飛びかからんばかりの兄を、母親が必死で宥《なだ》めている。

母親に促されて自室に戻ったアキラは、訳が分からずに涙ぐんでいた。

どうしてこんな目に遭うんだろう。どうして祖父は、そして兄はあんなことをしたのだろう。

考えれば考える程意味が分からないし、悲しい気持ちが酷くなって涙が止まらない。

泣きじゃくるアキラの部屋に、母親が入ってきて、こう言った。

「お前、本当にあんなことをしたのかい？」

「あんなことって、何のこと？」

話を訊くと、こうであった。

兄が野球部の練習で汗を流していると、突然アキラが校庭に侵入してきた。

そしてラインカーの蓋を開けると、そこら中に白いラインパウダーをぶちまけたらしいのであった。

激怒した兄を含めて野球部員の殆どが急いで彼を追いかけたが、その足は信じられない程速く、とうとう追いつくことはできなかったということである。

「絶対、オレじゃないからね！」

アキラは大声で母親にそう叫ぶと、ウソじゃない、ウソじゃない、と大声を張り上げ続けた。


それから数日経った日の夕方。

あの日以来、兄は口を利いてくれないし、祖父の言葉や態度にはどことなく怒気が含まれているような気がしてならない。

田舎の狭い地域だからなのかもしれないが、アキラの乱行は何故か学校内でも話題になっていた。

彼はクラス内でも浮いた存在になってしまっていたのだ。普通に接してくれるのは両親だけになってしまったことで、アキラは酷く気落ちしていた。

下校時刻になってアキラが一人で歩いていると、後ろからカイが追いかけてきた。

「……アキラ、ちょっといいかい」

あの日以降カイの態度もよそよそしかったので、それもアキラを苦しめていた。

「……何、何か用があるの？」

半ば自暴自棄になってしまったアキラがつっけんどんに応えると、カイは真剣な表情で言った。

「アキラ、ちょっとアソコに行ってみようよ」

早く家に帰りたかったが、カイのほうから話しかけてくれたことで少しだけ心が和んだのか、アキラは軽く頷いた。


「ほら！　これって、アレじゃない？」

カイの指し示す先には、例の石碑がある。

そういえば、悪戯をした日にあんな目に遭ったんだっけ。

アキラは思い出すと、この縁起の悪い場所から離れたくなった。

「オレ、気分が悪いから帰るよ」

石碑には極力目をくれずに家へ向かおうとしたところ、カイは半ばキレ気味に声を振り立てた。

「いいから、アレを見てみなよ！」

身体をビクッとさせながら、アキラは石碑に視線を移した。

そして、すぐにその違和感に気が付いたのである。

「……なんだろう、あの白い粉は？」

興味を持ったアキラは、石碑に向かって歩み寄っていった。

前回見たときとは違って、石碑は白い粉塗れになっていたのである。

まるで頭上から大量の小麦粉でも振りかけたみたいに、真っ白な状態であった。

しかも、それだけではない。

近付くに連れて、何となく嫌な臭いが漂っていたのだ。

何だっけ、この臭い。あっ。そうそう、じいちゃんがいつも飲んでいる酒の臭いだ。

その瞬間、アキラの頭の中で何かが紐付けられた。

アレって、アレでしょう。そして、コレって……。

「……ああああああああっ！　もしかしたら！」

アキラが声を張り上げたそのとき、カイが被せるように言った。

「絶対に謝ったほうがいいよ。うん、絶対に」

夕方に帰宅すると、何故か兄と祖父の態度が元に戻っていた。

ひょっとしたら、家族に関してはアキラの謝罪が認められたのかもしれない。

そう、家族に関してだけは。

翌日のこと。

登校途中に、近所の響子ちゃんにいきなり頬を張られてしまった。

何の前触れもなく、突然の出来事であった。

見事なまでの乾いた音がして、張られた当人も何が起きたのか分からなかったくらいである。

理由を訊ねても、彼女は涙ぐんで答えてくれなかった。

それがきっかけになったのか、クラス中の女子に無視されるようになってしまった。

しかも、それだけでは済まなかった。

以前は可愛がってもらっていた近所のおばさん達にも、彼は明らかに避けられ始めたのであった。

辛く、苦しく、悲しい生活の始まりである。

現在、アキラは都内の大学に通っている。

相も変わらず、理由もないのに女子には疎まれ続けているらしい。

何かしませんでしたか？

山口君は高校生の頃まで、兄と二人で一つの部屋に押し込められていた。

子供のうちなら「子供部屋に兄弟二人で二段ベッド」みたいな暮らしでも文句はなかったが、流石に高校生ともなるといつまでも「子供部屋」という訳にもいかない。

兄弟ともそれぞれ身体も大きくなって、共同の子供部屋は狭苦しい。部活が違えば朝練の都合で起きる時間がズレてくることだってあるし、部屋が狭い……ということ以外の理由で一人きりになりたいことだってある。思春期の男子ともなれば色々ある。

「母ちゃん、俺自分だけの部屋が欲しいんだよ」

という兄弟の再三の訴えに両親が折れて、程なく山口君は自分だけの一人部屋を手に入れる夢が叶った。

元々の子供部屋は兄がそのまま一人で占有することになった。代わりに山口君に与えられたのは離れの空き部屋である。

元々実家の敷地内には、普段使いの母屋の他に使っていない離れがあった。

「離れって言っても、元々は八百屋の店舗だったらしいです。もう随分昔に廃業しちゃって、使ってませんでしたので狙ってたんです」

通りに面した側にある広い土間の奥に、畳敷きの和室がある。この和室部分の空き部屋が山口君の「一人部屋」として宛がわれた。

店舗部分はちょっと広すぎる土間だと思えば気にならないが、入り口は店舗側のガラス戸しかない。このため、母屋への出入りはつっかけを履いていちいちそこから出入りしなければならない。

概ね不満はなかったが、もうひとつ不便な点があった。元は店舗だけあって土間には洗い場などに使う水道はあったものの、手洗いがない。このため、尿意便意を催すたびに母屋のトイレに走らねばならない。これだけは少々面倒だった。

この点、どうにか乗り切れないものかと要らぬ工夫を重ねてはみたものの、そのうちどうにか折り合いも付いて、一人暮らし気分を満喫する余裕も生まれてきた。

ある日の夜のこと。

山口家の生活習慣は総じて朝が早いせいもあってか、夜も早い。

時間は夜の十時を回ったばかりではあったが、布団に向かう両親に母屋から追い出された山口君も、自分の部屋の寝床に潜り込んで室内の明かりを消したところだった。

〈……ジャラッ〉

唐突に、金属のぶつかり合う音が聞こえた。

鎖、であろうか。

〈ジャラッ、ジャララララ……ジャラッ、ジャララララ……〉

やはり鎖だ。誰かが鎖を引き回している。

と、暗闇の中、声が聞こえた。

『ヌシァ……ッが……ぁ、……ッッがヨ！　……アアッ？』

身体がブルッと震える。

野太くも掠れた男の声であることは分かる。

その声が何やら強い怒気を孕んでいることも分かる。

猛烈に怒っている。叱っているのか、詰《なじ》っているのか。

それは分かるのだが、言葉が分からない。日本語なのか外国語なのか、現代語なのか古語なのか、強すぎる訛り、方言の類なのか、それすら分からない。

だが、その怒りは明らかに山口君に向けられている。

その声は布団の中で丸くなっていた山口君の、耳元で聞こえていた。

〈ジャラッ、ジャララララ……ジャラッ、ジャララララ……〉

戸惑いと恐怖に覆い被さるように、鎖の音が続く。

鎖はまだ戸外にいるようではあるが、音が次第に大きくけたたましくなっていくのが分かる。鎖は山口君に向かって着実に近付いてきている。

——何者か⁉

耐えかねて部屋の明かりを点けた。

耳元で聞こえてきた怒声は消えた。

そして、鎖を引きずる音も止まった。

いや、土間のガラス戸の前で、立ち止まったのだ。

そこに鎖を引く誰かがいる。鎖を引いてガラス戸の向こうに立ち止まったまま動かない。

この離れの唯一の出入り口の前で、だ。

和室に窓はあるが、それを破る勇気もなかった。

鎖の主は、ガラス戸の前に本当にいるのか？　実は、窓から飛び出して出てくるのを、待ち受けているのではないか。

不審者、変質者、空き巣狙い……そんなものかもしれない。

高校生に一人一台の携帯電話などない時代のことであったので、咄嗟に窓越しに大声を張り上げた。

窓からほんの数メートルしか離れていない母屋には、両親が寝ている。まだ寝入り端である。大声で叫べばすぐに気付くはずだ。

「父ちゃん！　母ちゃん！　起きてくれ！　兄ちゃん！　誰か！」

離れで騒いで怒られたことがあるくらいで、聞こえない距離ではない。なのに、母屋の明かりは点かない。

両親にも兄にも、声は届かない。

呼べども呼べども助けは来ない。

これは、まずい。

明かりを消したらきっと再び鎖は近付いてくるだろう。耳元で怒り散らす声も再開するだろう。それ以上の何かが現れないとも限らない。

眠ることもできなくなった。

一睡もできないまま、ガラス戸を睨んで朝を待つ。

外が明るくなっても、それが信じられなかった。

向かいの農家が飼っている鶏がクワーッと鳴いて時を知らせるのが聞こえる。

耳なし法一の故事にあるように、喜び勇んで入り口を開けたら実はまだ夜だったなんてことがあるかもしれないが、埒が明かないので意を決してガラス戸に手を掛けた。

「誰だ！」

声を上げながらガラス戸を開けたが、そこには誰も、何もいなかった。

鎖などなかったし、それ以外の金属の類を引き回した痕も何もなかった。

山口君はそのまま裸足で母屋に飛び込み、昨晩の顛末《てんまつ》を母に訴えた。

「俺の耳元で誰かが怒ってる声が聞こえて、それから鎖みたいなの引きずる音が聞こえたんだよ！」

母は変質者でも上がり込んできたのかと思って息子の話を聞いていたのだが、ガラス戸には鍵が掛かっていたはずだし、どうにも話が噛み合わない。息子の訴える様子から鬼気迫るものを感じ取ったのか、「そんなに言うなら、ちょっと見てもらえるよう頼んでみるかい」と重い腰を上げた。

誰のツテなのかは分からないが、山口君の藁にも縋《すが》る思いに応えて頼まれてきたのは〈拝み屋〉を生業にしているという人物だった。

拝み屋さんは山口家の敷地に入るなり、〈ああ〉と頷いた。

「この辺り、昔は人がたんと亡くなった場所やったでしょう」

家の近くに小さな地蔵があるでしょう、と言われてハタと思い出した。

あまり気に留めたことはなかったが、そういえば朽ちた石仏のようなものがあった気がする。だが、事故災害や戦争とは無縁の土地柄であると思っていた。

「うん、この辺りね。お宅さんの敷地も含めたこの一帯、昔、刑場やったでしょう。そりゃもう大昔ね。この近辺で、とにかくたんと人が亡くなってる。で、特にここはね。首級《しるし》なんぞを洗ったり、そういうことなさった場所やったんちゃうかと」

拝み屋さんは、〈フム〉と首を捻り、言った。

「ここで、何かしませんでしたか?」

この離れには手洗いがなかったので、山口君は母屋の手洗いを使わねばならなかった。

尿意を催すたびに母屋に行ったが、そのうち面倒になってきた。

それで、元は店舗だった土間にある洗い場だった場所に目を付けた。

水道は使えたので、その洗い場で適当に小便をして水を流すようになった。

「何かしませんでしたか?」

そう繰り返し問われて、親は首を傾げ、山口君は口を噤《つぐ》んだ。

二階から

「年末とか期末で忙しいと、帰りが遅くなりがちで……」

小泉さんは遅くなると終電で最寄り駅より二つ手前の駅で下車する。

「地下鉄の終電が二駅手前までなんですよ。まぁずっとデスクワークなんで、健康にもいいかなーって」

特別土地勘がある訳ではないが、道くらいは知っている。

静かな住宅地に面した道や暗い商店街を通って、三十分ほどの距離だ。

師走の、ある夜。

「普段は家の近くまで我慢するんですけど、地上に出たら何か痛いくらい寒くって」

道の反対側にある普段は寄らないコンビニで、温かい飲み物を買った。

そのまま向かい側を家に向かって歩いてゆくと、いつもの景色がかなり新鮮に感じる。同じ通りのあちらとこちらだけの違いなのにだ。

駅から暫く続く、片側二車線の特に太くはないが、名前の付いた幹線道路である。

それに沿って歩いてゆくうち、交差点の信号に引っかかった。

車も来ないのだから無視してもよかったのだろうが、彼女は律儀に足を止めた。何げなく視線を投げると、進行方向に対して右手側——あるマンションの二階に目が留まった。

交差点にある、いつもならその横を通り抜けるだけの名も知らぬマンションだ。

その二階のベランダに人影がある。

人影は、光の漏れてくる窓を背にしており、こちらを見ているようにも感じたが、実のところどちらを向いているのかすら判然としない。

ただ静かに、微動だにせず、ずっと立っている。

そういえば——と彼女は思い出す。

「浪曲っていうんですかね。低く、唸るような声で、歌を唄うような声がしてたんです。その交差点を通るときに」

唐突に思い出した。

信号が変わって、彼女は何故そんなことを思い出したのだろうかと思いながら歩き出した。

数日のうちに、再び彼女は終電になった。

この日も寒く、またコンビニで温かい飲み物を買う。どうやら日課になりそうだと思った。

再びあの交差点に辿り着くと、自然とあのマンションの二階に目が向いた。

また、誰かが立っている。

この日、背後の窓は暗く、明かりは消えていた。

煙草でも吸っているのだろうかと思ったが、動きが一切ないので違うようだ。


また別の日――この日も全く同様に、二階のベランダに人がいた。

（もしかして道の反対側に何かあるのかな）

そう思ったが、道のこちら側には営業を終えた精肉店と明かりの消えたカラオケスナック、小さなスーパーがあるだけだ。

毎晩そうして見るようなものがあるとも思えない。

（毎晩――？）

彼女がそこを通るのは毎晩ではないにしても不定期であった。

その日の仕事が終電まで掛かるか、一本前に乗れるかどうかなど、彼女自身にすら予想できない。

それで毎回見るのだから、毎晩そうしてベランダに立っているのだろうと想像するのはある意味で自然だった。

（もしかして人じゃないのかな）

一瞬不気味に感じたが、彼女はすぐ洗濯物か何かがたまたま人に見えるだけだろうと考え直した。


年末の忙しさも佳境に差し掛かった頃、また彼女はその道路を歩いていた。

二階のベランダに、またしても人影がある。

少し遠回りになるとはいえ道は他に幾らでもあるのだから、別の道を通る手もあった。もっと不気味に感じていたならそうしていただろう。

信号待ちをしていた彼女は、ふと道路を横断することを思い付いた。

ここで道路を渡ってしまうと、家までの間にもう一度こちら側に渡る必要があり、面倒だ。だがその横断歩道を渡る間、例のマンションに近付くぶん、ベランダで何をしているのか見えるかもしれない。

進行方向の信号が赤の間、道路を横断する歩行者信号は青であり、その気になればすぐ渡れる。

好奇心が勝った。

さりげなく、二階のベランダを気にしつつ横断歩道を渡る。

しかし――多少近付いたところで真っ暗なベランダの様子が鮮明になることはなかった。

車両用の信号が青になった。

彼女はそれに、マンションの壁を照らした信号の色の変化で気付いた。

(――いけない!)

通行量が多くないとはいえ、車道の真ん中に突っ立っているのは危ない。

慌てて渡りきろうと横断歩道の先を見ると、そこに黒い人影があった。

対面した人影は何かを手に、ただ立ち尽くしている。

小泉さんは小走りに横断歩道を渡りつつ、それを見た。

宵闇と街灯の下で、陰影が深い。五十路過ぎと思われる角刈りの男だ。

深く、低く、浪曲のようなものを唸っている。

喪服のような黒いスーツを着て、その手には――。

(写真――?)

大判で、縦長の写真立てのようなものを両手で抱えていた。

遺影のようだが――その遺影には誰も写っていない。

空っぽの写真を持って、その男は立ち尽くしている。

小泉さんはその男の横を駆け抜けた。
振り返らず、そのまま道を走って逃げた。

またその道を通ったとき、二階のベランダには再び人影があった。
冷静になってよく見れば、二階のベランダには信号や、街灯の光が十分届いている。
人影が、向いている方向も分からないほど暗くなるのはおかしいのだ。
小泉さんは、その道を二度と通らないようにしている。

近所の道路

富田さんの家近くに、ある道路があった。

事故多発地帯だった。

しかし、広い片側二車線道路で見通しもよく、急カーブもない。

それでも事故は絶えず、たまに花束などのお供え物が置かれることがあった。

四輪も二輪も関係なく事故を起こすので、何か曰くがあるのではないかと噂された。

だが、元々そんなものはない。

十数年前、道路の拡張と舗装工事が行われてから増えたようにも思うが、それが原因なのかもよく分からないのである。


一度、ケーブルテレビか何かの取材班が霊能者を伴ってやってきたことがある。

暗くなってからロケをしたらしいが、何も起こらずお蔵入りになったらしい。

霊能者が「ここです……ここに女が立っています……彼女の恨みです」など雰囲気たっぷりに喋ったとしても、素材としてはインパクトが弱かったようだ。

一応霊能者がお祓いめいたことをやったらしいが、それ以降も事故は続いた。

が。複数の人が言う。

〈夜、近くの高台から眺めると、そこの道路に変なものがいるのが見える〉

道路から離れた丘の上に公園と駐車場がある。

展望台ではないのだが、眺めの良い場所だ。

昼間は緑豊かな自然を、夜は遠くに夜景を楽しめる。

だから若い男女がやってくることが多い。特に夜が増える。

だから彼らが目撃するのは夜なのだろう。

変な物とは一体何か？

〈件の道路に、真っ裸の人間がいる〉

〈道路にある街灯の下に姿を現すことが多い〉

色白で体型ものっぺりしており、性別不明。もしかすると全身タイツのようにも思える。

また、頭部に髪の毛らしき物もない。

遠いからそれ以上は分からない。

それが直立状態から四つん這いに、数秒してから立ち上がり、また直立に、を繰り返しているように見えた。

一体どういう意図でやっているか分からない。

富田さんもそこへ行ってみたが、結構な距離がある。

とはいえ、走るロードバイクに人が乗っていることは見て取れる。細部が分からないくらいだろう。

持っていたデジタルカメラのズームを使えばきちんと確認できた。

当然目撃者達も同じことを考えてスマートフォンやデジカメを使い撮影を試みたらしいが、幾ら拡大しても例の〈色白の人〉はぼやけたままだという。

シャッターを切ろうとするたびに電源が落ちる。

よしんば撮影できたとしても、白飛びをしたのか全体に真っ白な失敗写真になるだけだ。

何か邪魔しているのだともっぱらの噂だった。

ある夏の夜、富田さんの友人達がこんな試みを行った。

高台にいるグループが〈色白の人〉を発見したら、道路に近いところで待機したグループが現場へすぐに向かい、それを確かめる、というものだった。

これを彼らは実験と称した。

富田さんも誘われたが、何となくイヤで断ってしまった。
後日、富田さんは報告を受けた。
以下はその内容をできるだけ詳細に再現したものである。

——彼らは何度かチャレンジするうち、ある夜に〈色白の人〉が出た。
これが初めての目撃だ。
興奮しながら携帯で連絡を入れると、道路グループがその場へ直行した。
やはり撮影はできない。動画モードにしても録画オンにならなかった。
「まだ見えている。そちらは？」
『見えない。ホントにいるの？』
グループの車が左から近付いてきたかと思えば、突然おかしな挙動を示した。
『ああ、ちょっ、ああ、パンクか⁉』
色白の人の手前で止まってしまった。
「おい、目の前にいるぞ」
『いねぇって。……マジパンクか。最悪だ』
道路グループが車外へ出たと同時に、色白の人はいなくなった。

少し目を離した隙に忽然《こつぜん》と姿を消したとしか言いようがなかった。

実験は失敗に終わった。

それから後、参加者全員が交通事故を起こした。

全てが自損であり、場所も様々だった。唯一の共通項は「突然ハンドルが利かなくなって突っ込んだ」ことだった。

それから後にこの道路は大きな改修工事を受けた。

とある災害が原因で半壊したからだ。

それ以来、色白の人は出なくなり、事故もぱったり止んだ。

今のところ、何もない。今のところは、だが。

豚骨ラーメン

ひっそりとオープンした豚骨ラーメンの店がある。

今でこそ大繁盛しているが、開店当初はネームバリューもなく低調なスタートだった。

何より場所が悪い。駅から近いのに大きな道路や陸橋のせいで人の流れが分断されてしまう。駅近——というより、線路から近いといったほうが正確と思えるほどだった。加えて、周辺には超人気の競合店が複数ある。

「まーそれでも？　近くの会社や高校生なんか来てくれたお陰で？　所謂隠れ家的な？そういう人気はすぐ出たよ。少しも隠れちゃねえけどな」

駅前からは見えないだけで、交差点にそれなりの間口で店は営業している。

豚骨ラーメン屋らしいカウンターだけの店で、引き戸を何枚も組み合わせた出入り口のお陰で外から全席丸見えである。

空いてれば入るし混んでいれば避ける。空席があれば何処からでも引き戸を開けて入れるし、店員もそれを見逃さない。

実に合理的だ。その代わり、あまり空いていると少し入りにくい。

「だあああ、すーぐそういうこと言うんだもん東京モンはよぉ〜？　腹減ってて、店が空いてりゃ、ラッキーって思えよ！」


土橋さんはそのラーメン屋の開店当時からのスタッフだった。

四月のある日のことだ。小春日和といった、暖かい日だった。

昼時のなだらかなピークは一段落し、バイトは昼休憩に、土橋さんは調理場裏の事務所で事務作業をしていた。

「あいつ遅ぇなぁ、早よ戻ってこんかなぁ」

事務所を覗いては、店長がしきりに文句を言ってくる。昼の休憩に入ったバイトが戻らないからだ。

今、調理場にいるのは店長一人きりである。店長はそうしていないといられないタイプだったから、これはスタッフらの気遣いである。

店長は職人気質《かたぎ》で、しかも二面性のある人物だった。

ラーメンの出来が良いと「うちのラーメンは他のと違うからな！　そこいらの豚骨屋なんか全部食ってやるぞ！」と必要以上に力が漲《みなぎ》っているが、出来が悪いと死んだ目で「豚骨なんか何処も一緒だから」などと言い出す。調理場に立っている限りは常にシャンとして接客態度も良い塩梅《あんばい》だ。

そのうち、店長の「らっしゃいやせえ」が響いたので土橋さんも奥から顔を出し、店内を軽く見た。

新たな客が二名いる。さっき注文した客も一人、食べている最中だ。慌てて手伝う必要はなさそうだった。

五分もしないうち——土橋さんが事務作業を続けていたときだ。

ガッシャーンとすごい音がした。壁が外から叩かれる音がしたので、店外からであることは明白だ。

何だ？　と思う間もなく、裏の通用口が勢いよく開いた。

「店長！　土橋さん！　ヤバいもん見ちゃった!!」

バイトが汗だくで転がり込んできた。

どうしたと訊いても、バイトは頻《しき》りに、ヤバいヤバいと繰り返すばかりで要領を得ないが——その様子からしてどうやら、あまり良い話ではなさそうだ。

土橋さんは「今まだお客いるから、でかい声出すな。落ち着け」と諭した。

「土橋さん、それがさ、ヤバいんすよ、今チャリで、その坂上がってたんです。そしたら」

彼の言う坂とは、店の前で交差する道路のうち一本が、鉄道の線路を跨《また》ぐ陸橋になっているところのことだ。

十数分前、バイトは自転車を漕いでその陸橋を渡ろうとしていた。

陸橋が下りになって終端に掛かろうというところに、妙な女がいた。

ワインレッドのトレンチコートを着て、頭には赤いツバ広の帽子を被り、毛皮のマフラーを巻いている。

その女が、行く手を塞ぐようにして、膝から上をカクン、カクンと何度も落とすようにしていた。

歩いているのではない。

ただこちらを向いて、カクン、カクンとしているだけだ。

バイトは不穏な空気を察知した。

女は、右膝だけをカクンと折っては戻しを繰り返し、そのたびに身体が右側へガクンと落ち込む。

目深に被った帽子のツバで、その顔は見えない。

それは単に邪魔だとか不気味だというのを超えていた。とにかく関わってはいけないものだと感じた瞬間――。

女は動きを止め、こちらに向けて、片手を上げるような素振りをした。

うわ、と叫びかけたとき、女はパッと掻き消えた。

バイトは慌てて自転車の向きを変え、今来た陸橋を逆に渡って、別の道を探した。

(お化けだ――!)

「――ってわけなんすよ。いきなり消えるとかヤバくないっすか?」

普段なら、土橋さんも「何それヤベェ」とか適当な相槌を打つところであるが――話を聞いた土橋さん自身は、ふと何か他人事でない気がしていた。

赤いトレンチコートの女。帽子を目深に被って、立っている。

おかしい。知っている。

土橋さんも、ついさっきそれと同じようなものを、店で見た。

「なあ、もしかして、それさ、今、店にいる?」

バイトは、「えっ?」と、半笑いのような、驚いたような表情を浮かべて、一瞬停止した。

そして事務所から客席を覗いて――声も上げずに後ろに飛び退き、尻から床に着地した。

「マジだ、何で」

漸くそれだけ言うと、助けてとばかりにこちらを見た。

土橋さんも、もしやと思って訊いただけだ。助けを求められても困る。

先ほど店長の声で店内を見渡したときだ。店の一番奥に、ワインレッドのコートにツバ広帽の女がいるのを見た。

豚骨ラーメン屋では少々浮いた格好であったが、それくらいのことで客をジロジロ見たりはしない。だからその女のこともほんの一瞬視界の端に捉えただけで、トレンチコートだったかどうか、また立っていたのか座っていたのかもよく分からない。

それでもバイトの話を聞くうち、鮮明にあの女の様子が思い浮かんできていたのだ。

それにしても突然掻き消えた、とは――？

土橋さんは、調理場越しにカウンターの様子を見る。さっきと寸分違わぬ様子で、女は店の隅にいた。

立っているのか座っているのかはっきりしない。距離感からするとカウンターの椅子に着いているのだが、位置からすると椅子の間に立っているようにも見える。

何故彼がそこを気にしたかと言えば、バイトの言う「カクンカクン」という動きを確認したかったからだ。格好が被っているというだけでは――たまたま似た格好の別人かもしれないのだ。

黙って土橋さんは調理場に出た。

バイトの話が嘘だとも思えなかった。一方で、バイトの言うことをそのまま信じることも難しかった。

さりげなく調理場を移動しその女に近付くが、帽子のせいで顔は殆ど見えない。

ワインレッドの重そうなトレンチコートに毛皮のような艶のあるマフラー。

コートを着たままのお客は別段珍しくなかったが、マフラーも取らないのは珍しい。

口と顎だけが見えており、パッと見おかしなところはないが——口周りの筋肉から喉は全く動いておらず、生気がない。

そして、女の座っている場所は椅子から半端に外れており、どうやらちゃんとは座っていないようである。

食事の提供はまだであった。セルフサービスの水も、当然のように取っていない。

「ごちそうさん」

「毎度」

カウンター席の真ん中で、他の客が丼を置いた。

土橋さんはお代を受け取り、丼を回収する。この客はサラリーマンで、先ほど女と同時刻に来店したように見えた客だ。少なくとも土橋さんにはそう思えただけで、女がいつからいるのか、それは店長しか知り得ない。

カウンターには、女一人になった。

店長は丼を用意して、麺の茹で上がりを待っていた。

「おやっさん、こちらのお客、御注文は？」

手伝うような動きで店長に近付き、小声で訊ねる。

「ああ、今上がるよ」

そう言いながら茹で上げた麺をサッと上げ、スッと湯切りして丼に入れた。

「ヘイ、お待ち」

丼をカウンターの女へ提供する。

女は、ピクリとも動かない。

しかし——土橋さんは安堵した。注文したならただの客であろう。幾ら変でも、変わった客はいるものだ。

客は女一人だ。それでも店長と土橋さんは慌ただしく、忙しそうに働く。客が食事の時間を惜しんでバリカタとかハリガネとかを注文するのに、陽も高いうちから店員がのんびりしているのもバツが悪い。これはもう性分である。

ちらりと見る。女がラーメンに手を付ける気配はない。

丼はカウンターの一段高いところに出されたまま、それを取ろうともしない。

店長が「伸びますんで」とカウンターの上から女の前に下ろす。事務所からバイトが顔を出し、恐る恐るこちらの様子を覗いていた。

「おやっさん、ちょっと」と、土橋さんは一旦店長を呼び、バイトのところへ戻る。

「店長さん、あいつ、ラーメン頼んだんすか」

「あー、暫くずっとあの調子でなぁ、堪らねえから注文訊いたんだよ。そしたら答えたから作った。何だあれ？　ラーメン屋初めてか？」

「食うんすか」

「知らねえ、箸も取らなきゃ下げて帰ってもらう」

「今すぐ帰ってもらったほうが……ほら、何か体調悪そうですし」とバイトは小声で進言したが、店長は「まぁそのうち食うだろ」と楽観的だ。

気が付くと、三人は一人の女を凝視していた。客商売の体裁などもはや何処かへ行ってしまった。

一分か、二分か——そうしているうちに、急に女が動き出した。

カクン、カクン、カクン。

椅子もカウンターも、周囲の障害物を全て無視するかのように、その動きは大きく、不恰好で、機械的だった。

バイトが、声にならない奇声を発した。

土橋さんはその動きから目が離せない。帽子が大きく上下するが、顔まで見えることはない。

何度か右膝を折るその動きを繰り返した後、女はパッと一瞬で消えた。

「はぁぁぁ!?」

漸く、店長が素っ頓狂な声を上げた。

後には手付かずの丼が一つ残されただけだった。


準備中の札を出した。

バイトは何処かへ逃亡したが、暫くして落ち着きを取り戻し、戻ってきた。

店長は無言で夕方の仕込みなどをしていた。

いつも通り営業し、閉店した後、話題はあの女の話になった。

バイトが外であの女に遭ったと話すと、店長も「あー、俺が気付いたのもそれくらいだなぁ」と言った。ほぼ同じ時刻だったのだ。

幽霊だ、ということについては三人とも異論なかった。

しかし幽霊がラーメンを注文したという点についてのみ、土橋さんはどうしても納得がいなかったのだ。

「ラーメン注文したんすか？　マジっすか？　幽霊が？　流石に、コレでしょ」

バイトが口の前で手を広げて、「吹いてるでしょ」のジェスチャーをする。

「いやいや、本当だって！」

「んで、お化け女は何頼んだすか」

「カタ」

店長がぽつりと呟くと、バイトは盛大に噴き出した。

「お化けが⁉　カタ⁉」

カタとは麺の硬さを普通よりも少し固めにしてくれという意味だ。茹で時間が短いぶん、提供までの時間がやや短い。

バイトが笑い転げているので、店長は少しムッとして午後にあったことを語り出した。

店長が調理場にいると、引き戸が開いてサラリーマンが入ってきた。見ると、カウンターの隅にさっきまでいなかった女もいる。

店長は同時に入ってきたものだと思い、「らっしゃいやせえ」と言った。

サラリーマンの注文を受けてラーメンを拵《こしら》え提供するまでの間、女から注文は出なかった。注文どころか、少しも動くところを見ていない。暫く待ったが、それでも女は微動だにしない。

（ははぁ、不慣れなんだな）と店長は思い、こちらから注文を訊いた。

女は右手を挙げる素振りをした。

〈カタデ〉

メニューには豚骨ラーメンと餃子、明太ライスしかない。後は全てラーメンのトッピングである。

茹で時間のみ注文するなら、つまりそれは自動的にラーメンということになる。

（何だ、分かってるじゃねえかよ）と、店長は背中を向けてラーメンを作り始めた訳である。

――少々引っかかる。女が手を挙げるような動きは、バイトの話にも共通するところがあった。

「うん？　おやっさん、あの女、手挙げて言ったの」

「いやーなんつうの、肩を窄《すぼ》めて肘をこう上げて――手を挙げようとはしてたんだけど、上げてはないいな」

手を挙げるような動き、そういう素振り、とはいうものの、実際に手を挙げるところを、二人とも見ていない。

「あっ、店長、俺もそれ見た。肘を挙げるんだけど、そこから先はブラーンて」

「肘から先、付いてた？」

土橋さんがバイトに確認すると、バイトは唸ってしまった。

「もしかしてそれ、『カタで』じゃなくて『片腕』って言ったんじゃないの」

ほんの思い付きで土橋さんはそう言ったが、二人とも一瞬ハッとした後、バツが悪そうに押し黙ってしまった。

女は今でも時折店に現れるという。

美容室の怪

「何処にでもある普通の美容室なんですけど――『出る』って言われてて」

一見すると、そこは確かに普通の美容室だった。立地も、原宿など旗艦店がひしめく土地ではなく、ごくありふれた駅前だ。

「専門学校出たばかりの若いスタッフが多くて、フレッシュさが売りというか」

『出る』とは、先輩美容師から言われていたことだったが、現役の大石さんらにはもっと大きな問題があった。

新しく雇った美容師が居つかないため、万年人手不足なのである。

一年持てばよいほう。悪ければ数週間でいなくなってしまう。

(何が悪いんだろう)

大石さんは悩んでいた。他人事でいられるようなことではなかった。

去年入ったうち最後の一人が辞めた日、先輩スタッフらは居酒屋に集まった。

先輩スタッフは、店長以外に四人だった。

「何が悪いんだろうなぁ」

どうしてもそういう話になる。

新人とはいえ皆職人であるから、いつもニコニコとはいかないだろうことは想像に難くない。だがそれにしても極端だった。

若いスタッフは一度に数名入店し、初めはとても仲が良い。それが少し経つと、どういう訳か露骨にお互いを避けるようになる。

そして客の前でも苛立ちを隠せなくなったり、無闇におどおどして接客が悪くなったりする。閉店後に若いスタッフが店で泣いていることも多かった。

気取らないフレッシュさが売りなのに——だ。

「大石ちゃん、この中じゃ一番入店遅いんだから、何か気付くことないの」

「遅いって言っても、私も四期ですよ」

この店では、開店から数えて入店年を一期生、二期生と数えている。残っている一番の古株が二期だった。

「学校出たばっかの新人ならまだ分かるんですけど、他店から来たスタッフもすぐ辞めちゃうじゃないですか」

あまりにも新人がすぐ辞めてしまうため、どうしても別の店舗、又は他店からのスタッフを募る必要があった。だが彼女らも、またすぐ辞めてしまう。

「むしろね、辞めるのは、いいんだよ。うちの業界って、人の入れ替わり激しいでしょ。みんな他所で頑張ってくれればいいの。辞めた子達も元気みたいだし。でも、何なの。何なのあの態度――」

辞める前の態度は、見るだに辛いものがあった。

その日辞めた子は、あまりにも沈んでいたので客前に出せず、奥で休ませておいたのだ。

そうしたらそのまま姿を消した。

「やっぱ――アレが関係してるのかな」

「アレ――なのかなぁ」

どうしてもそういう話になる。

「『アレ』っていうのは、うちが所謂『出る』って奴なんですけど」

最も古株の二期生藤原さんが、先輩から伝えられていたことだった。

店長はそれについて我関せずとばかり肯定も否定もしなかった。普段は藤原さんに任せて他店舗に常駐しており、締め日か余程人手不足でない限り店には来ない人だ。

ありがちな話だが「出る、出る」とは言うものの何が出るのかはさっぱり分からない。

はっきり見た者は、今残っているスタッフの中にはいないからだ。

お客を見ていると、異変を感じることも多い。

シャンプー中、目隠しをしているお客が、そこにいない誰かと急に会話し始めたときはとても困った。そのとき、お客はその人一人きりで、スタッフの誰もが喋っていなかったのに、だ。

他に、店内には数名しかいないのに店外から見ると大勢いるように見えるとか、美容師が二人しかいないときでも店の奥に何人か見えるとか、そうしたものだ。

「常連さんがね、『朝、前通ったんですけど、繁盛してましたねー』とか『今日はスタッフさん多いですね』とか、何げなく言うんですよ。でも、私は内心、『えっ？』って」

大石さんが襟足をカットして、確認のため鏡を持ち出して「後ろ、長さ大丈夫ですか？」と映して見せる。お客はそれを正面の大きな鏡で見る。

大石さんが手持ちの鏡の向きを調整していると、お客が一瞬、ギョッとする。

そして振り返ってキョロキョロとこちらを確認するのだが、すぐに首を傾げて前を向く。

「いかがなさいました？」

「いえ、別に――」

こういうことがあると、大石さんは内心穏やかでない。

さらに変なことと言えば、新刊の雑誌の中に、やけに古い号が混じっていることがあるのだ。年に一度ほどであるので頻度は稀だが、これぱかりは気のせいにはできない。

お客に指摘されたことも、廃棄のときに気付いたこともあり、一体いつどのように混じったのかはっきりしない。

九十七年か九十八年の雑誌だ。十年以上、二十年近く古い雑誌である。

だがそれが全部「出る」もののせいだとして、新人がおかしくなることと関係あるのだろうか？

入れ替わりはあるにせよ常連客もいるし、それなりに経営は成り立っている。スタッフだって古株が少ないなりに残ってはいるのだ。

変なことがある、給料が安い、人間関係が難しい——何処の店だって、それはそういうものだ。

先輩スタッフ共々、首を傾げるしかない。

後日、何とか新しい美容師を一人だけ補充した。

最初は「頑張ります！」と張り切っていた鈴木さんは若くバイタリティ溢れる女性美容師だったが、ひと月しないうちに急速に塞ぎ込んでいった。

大石さんは何とか頑張って鈴木さんをフォローしていた。

「大丈夫?」と訊いても、「最近何だかすごく疲れてるみたいです」

彼女の笑顔は消え、最低限の受け答えも消極的になっていた。

そんなある日、常連客が子供を連れてやってきた。

子供は三歳ということで、これまでは留守番していたのだそうだ。

先にカットを終えたその子が鏡の中を指差して「あー! いけないんだよ!」っと声を上げた。

パーマ中だった母親は、慌てて子供に「静かになさい」と諭した。

「だって! 苦しいんだよ! そんなことしたら、死んじゃうんだよ!」

大石さんはハッとしてこの子の側に屈んだのだ。

子供が指差すのは、鏡の中の、その雇ったばかりのスタッフ——鈴木さんだった。鈴木さんは渋面を作り、目を逸らした。

「どうしたの~?」と大石さんはその子に訊く。

鏡に映った鈴木さんは、注目から逃げるように踵を返す。

その背中に、息を呑んだ。

一瞬だったが——振り返った瞬間、背中に誰かの人影が重なって浮かんだのだ。

その人影には、見覚えがある。

大石さんは、確かにその人影に見覚えがあるのだが、それが誰なのかが思い出せない。

「何なのよ！」

叫んだのは鈴木さんだった。彼女は手にしていた道具を床にぶちまけ、そのまま小走りに逃げてゆく。

大石さんは、咄嗟に鈴木さんを追う。店内のフォローは他のスタッフに任せ、自分は鈴木さんをフォローしなければならないと感じたからだ。

店を出ると、すぐ鈴木さんの背中が見えた。

彼女は小走りに、左の小道に入っていった。店の、すぐ脇を通る道である。

店の裏を目指しているのだろうか——大石さんはその背中を追い、店の薄紫色の外壁に沿って、角を曲がった。

その先で、鈴木さんは立ち止まっていた。

背後からなるべく優しく「鈴木さん、どうしたの？」と声を掛ける。

もしかすると、見当外れのおかしな聞き方かもしれない。それでも、大石さんは踏み込んで訊いた。

「何か、見間違えでも気のせいでも何でもいいの。もし店に、何か気になることがあったら、私も知りたいから――」
鈴木さんは顔を上げ、振り向いた。
大石さんを見据え、意を決したように息を呑むと、やがて少し微笑んだ。
彼女の笑顔を見るのは、二週間、いやそれ以上に久しぶりのことだ。
だが、その薄らとした笑顔は――大石さんの背後に何かを捉え、完全に凍りついた。
大石さんも振り向く。
小道の出口、すなわち正面の通りと、すぐ右手に店の薄紫の壁が見える。
その薄紫の壁から、人の頭が突き出している。
頭は三つ。
揃って、等間隔に、右の壁の死角から水平に突き出していた。
下から、七~八十センチほど間隔を開けて、三つ。
鼻から上というか鼻から左だけ、顔も見える。
年の頃は大石さんらとあまり違わない年齢で、何処かで見たような顔だと感じた。
しかし一番上の頭は地面から二メートル以上離れている。
さらに、その長髪が、いずれも重力の影響を受けていないことが奇異だった。
すぐ背後で、鈴木さんが絶叫した。

通りを行く人たちがこちらに注目する。

だが誰も——壁から顔を出す奇妙な三人には目もくれない。

絶叫が遠のくので振り返ると、鈴木さんは叫びながら店から遠くまで逃げていた。

再び店を見ると、その三つの頭は消え失せていた。


翌日から鈴木さんは店に来なくなった。

大石さん自身は見たものを少しも説明できず、「彼女、何か取り乱してて、逃げられちゃった」と話すに留めた。

「でもそれって、最後まで新人をフォローできなかったってことじゃないですか。後からすごい後悔して……」

鈴木さんと連絡は取れなかったが、たった一言だけ、

〈首締められて辛かったんです〉

とだけメールがきた。

大石さん自身は、その後も数年その店に勤め続けた。

ずっと前から

杉本さんは母親を助手席に乗せて家路に就いていた。

夕闇がいつの間にか辺りを覆《おお》っており、先ほどまで気ままに飛び交っていた秋茜もいつの間にかいなくなっている。

何げなく助手席へ視線を移すと、彼の母親が自分の肩の辺りを盛んに手で払っている。

「母ちゃん、体調はどう？」

彼女はその問いに答えることなく、せっせと埃を払うような仕草をし続ける。

ほんの数十分前の出来事が、杉本さんの脳裏に浮かび上がってきた。

小綺麗な病室で、母親の付き添いに来ていた杉本さんに、医師が言った。

「認知症の初期症状ですね。まずはお薬で治療していきましょう」

とにかく、信じられなかった。

父親が若くして亡くなって、彼女は女手一つで杉本さんを育ててきた。

ときには優しく、ときには厳格に、彼を育て上げたのである。

様々な思い出が頭を過ぎり、杉本さんの目に自然と涙が溢れてくる。

確かに、最近の母親の言動はどことなくおかしかった。

急に物忘れが酷くなったり、人の名前と顔を忘れたりするようになっていった。

何の前触れもなしに、いきなり大声を上げたりすることも多くなっていた。

だが、この位は仕方がない。歳を取れば誰だって記憶があやふやになったり、ときには短気になったりするであろう。

しかし彼女の場合、身内のみならず他人に対してもおかしなことを言い始めたのだ。

御近所さんに向かって、「ああ、アンタ今日は家にいたほうがいいよ。無事でいたかったらね」と物騒な言葉を吐き捨てるように言ったこともあった。

また、家の前を歩いていた見知らぬ青年に向かって、「あーあアンタ、今日焼け死ぬんだね」などと暴言を吐いたりもした。

これは、今までの母ちゃんじゃない。何かの病気のせいに違いない、そう思って病院に連れてきたまでは良かったのだが、まさか認知症とは。

「かずおっ！　また、そんなのといちゃついて！」

助手席側からいきなり飛んできた平手が、杉本さんの肩を強く叩いた。

パシンッと強い音とともに、車体が左右へふらついた。

「うわっ！　あっぶねえよ、母ちゃん！」

危うくガードレールにぶつかりそうになりながら、彼はハンドルを強く握り直した。

「頭の割れた女なんて、何処がいいのかね」

「はあ？　止めてくれよ、気味が悪いな。全く」

杉本さんは溜め息を吐いた。

母親の状態は良くなるのだろうか。今までの上品で優しい母親に戻る日が来るのであろうか。

もし、戻らなかったら、どうすれば良いのか。この状態からさらに悪化でもしたら、これから先はどうなってしまうのだろうか。

自然と思考が悪いほう、悪いほうへと向かっていき、気分がどん底まで落ちていった頃、車は自宅へと辿り着いた。


日曜日の朝。

いつもより少々遅い時間に、家族全員で食卓を囲んでいた。

「ああああああっ！　ああああああっ！」

母親の突然の絶叫に、杉本さんは口に含んでいた味噌汁を噴き出しそうになってしまった。

「母ちゃん、食事くらいおとなしく……」

「かずおっ！　カメラは？　あたしのカメラはっ！」

「お義母さん！　カメラなんて何に使う気なのっ！」

ヒステリックで甲高い、妻の声が居間に響き渡る。

「あああああ！　早く、早くぅぅぅっ！」

「もうっ！　静かにしてくださいっ！」

母親と妻のけたたましい応酬に、杉本さんは我慢しきれずにとうとう大声を上げてしまう。

「もう、二人とも勘弁してくれよ！」

叫びながらテーブルを平手で叩いた瞬間、二人とも叱られた子供のように一斉に静まり返った。

妻は頬を紅潮させながら涙目で信じられないような目つきをしていたが、母親はきょとんとした表情をするのみであった。

その日以降、杉本さんの母親はカメラの話ばかりするようになってしまった。

家族には見えない何かを見つけては、カメラカメラと何度も口走る。

あまりにもしつこいため、杉本さんは母親に何度も何度もその理由を訊ねた。

「アレなのよ！　アレを撮らないと。ほらっ、そこにアレがいるからっ」

などと彼女なりに説明はしてくれるのではあったが、悲しいことにアレと言われても全く意味が分からない。

これも全て認知症のせいなのか、と杉本さんは酷く落ち込んでしまった。


ある晩のこと。

相も変わらずカメラの件で騒いでいた杉本さんの母親は、突然真顔になって彼に言った。

「和夫、そろそろお迎えが来るみたい。ごめんね」

静かにそう言った彼女に、彼は発病する前の母親の姿を確かに見た。

「それで、私が逝ったら……」

今まで撮り貯めた写真は全て焼き捨ててほしい、と物静かに懇願《こんがん》したのである。

「焼き捨てないと……」

お前達に災いが降り掛かるから、と付け加えた。

突拍子もない母親の発言に付いていけずに、杉本さんはただただ唖然としていた。

その表情を見るなり、彼女は頭を軽く左右に振りながら、諭すように語り始めた。

「覚えているかい。和夫が小学校三年生の夏休みのとき……」

母親は彼の目から視線を外すことなく、粛々と語り続ける。

それに伴い、忘れていた記憶が彼の頭の中に、濁流のように一気に流れ込んできた。

母親に連れられた杉本さんが、親戚の叔母さんのお見舞いに病院へ行ったときである。

母親と叔母さんが話し込んでいるとき、退屈な彼はそっと病室を抜け出した。

何か面白いものはないかと徘徊していると、そこで小さな女の子に出会ったのである。

入院患者らしく薄い桃色のパジャマを着て、包帯を頭にぐるぐる巻きにした子だった。

彼女は迷子になったらしく、廊下の端で一人泣きじゃくっている。

彼は躊躇《ちゅうちょ》なく近付いていくと、少女に優しく話しかけた。

「どうしたの？」

「うん、３０５号室がどこだか分からなくて……」

叔母さんの病室が３０６号室だから、きっと隣の病室に違いない。

「こっちだよ、こっち」

彼は女の子をその病室まで連れていった。

「お兄ちゃん、ありがとう！」

にぱっと満面の笑みを浮かべた後、彼女はその部屋へとするりと入っていった。

杉本さんが満足そうな表情で見送っていると、いきなり頭上から拳を貰ってしまった。

「和夫！　駄目でしょう！　何てことしたの！」

じんじん痛む頭を抑えながら振り返ると、鬼の形相をした母親が仁王立ちしていたのだ。

それを思い出した途端、彼の胸の中に怒りがふつふつと湧いてきた。

どうして、困った子を助けて叱られなければならなかったのか。

「思い出したよ、母ちゃん！　あれはないよな！」

咎《とが》めるような視線を母親に向けると、彼女はまたしても頭を左右に軽く振った。

「いいかい。和夫、あれはやっちゃいけなかったんだよ。お前の父ちゃんが亡くなったのも……」

「もう、たくさん。今日は、疲れたよ」

不機嫌になった杉本さんは、説教じみた母親の言葉を強引に遮った。

「もう、疲れたから寝よう。続きは明日聞くから」

杉本さんが寝室へと向かおうとしたとき、彼女は息子の身体に縋りつくように言った。

「連れてくから！　母ちゃん、今度こそ連れてくから！」

「もう！　分かったから！　また明日！」

彼はそう言うと、縋りつく母親をその場に残して、妻の待つ寝室へと向かっていった。

翌朝、杉本さんの母親は布団の中で冷たくなっていた。

医師からは死因は心不全との診断を受けたが、それが何の意味も持たないことを彼は十分に理解している。

暫くして故人の遺品を整理していたとき、杉本さんは着物箪笥の奥深くに、古びたアルバムを見つけた。

そこには古い写真が数多く貼られていたのだが、全て杉本さんと父親の写真ばかりであり、そこに母親の姿は一枚も写っていない。

恐らく全て母親が撮影した写真なのであろう。

彼女の写っている写真が一枚も見つからなかったからそう判断したのであるが、カメラが趣味だとは全く気が付かなかった。

昔を思い出しながら頁を捲っていると、その理由が分かってきた。

基本的には杉本さんか彼の父親が被写体として写っていたのだが、何故か全て隠し撮りのようなアングルなのである。

しかも、それだけではない。その写真には全部と言っていい程、家族以外の何者かが写っていたのである。

ある写真は、テレビを見て笑っている杉本さんを後ろから撮影していた。

その傍らには、頭に包帯を巻いて、薄ら笑いを浮かべた半透明の少女が立っていた。

杉本さんが部屋で寝ている写真には、彼の寝顔を覗き込むように顔を近付けている半透明の少女がいる。

このように、杉本さんの写真には全て同じ少女が写っていたのである。

同様に、父親の日常における何げない一コマにも、同じ少女が纏わり付いていた。

驚くべきことに、このアルバムに収められた写真全てに、半透明の少女が写り込んでいるのだ。

杉本さんが病院で出会った、頭に包帯を巻いたあの娘に間違いない。

しかも、その写真の全てには解読不明な文字が書かれていた。

母親が筆で書いたのであろうか、残念ながら達筆すぎて判読不能であった。

異常なまでの寒気を覚えながら、彼はアルバムをそっと閉じた。

そして、急いで菩提寺に持っていって処分を頼みこんだのである。

突然の願いにも拘わらず、住職は厭な顔一つせずに承知してくれた。

幾許かの金を包んだ封筒を渡して帰ろうとすると、後ろから悲鳴のような声が聞こえてきた。

「ここここれは、これは駄目。早く、早くアンタも来なさい早く！」

住職はやけに慌てた態度を隠すことなく、顔面蒼白で走り寄ってきた。

そして、今すぐ焼きましょうと言うなり、庭でいきなりアルバムに火を点けたのである。

アルバムが燃えていくとき、何故か辺りには硫黄の臭いとともに肉の焼ける濃厚な臭いが漂ったのは今でも理由が分からない。


杉本さんは、あの晩のことを今でも悔やんでいる。

何でもっと話を聞いてやらなかったのだろうと、慚愧《ざんき》の念に堪えない。

そしてまた、彼はこう思っている。

病気になる前はもちろん、なってからでも母親の言っていたことは全て真実だったのではないだろうかと。


母親の探していたカメラは、未だに見つかっていない。

自撮り

「怖い経験は結構あるんですけど」

内田さんの話だ。

夜、家路を一人歩いていた彼女の背後に誰かが張り付いた。

「いつも遅い時間だったけど周囲に人は結構いて……でも家に近付くうち、いつの間にか誰もいなくなってまして」

終バスをなくし、歩くと駅から三十分ほど掛かる。

それも珍しいことではない。特に飲み会シーズンになるとよくあることだった。慣れた家路のはずだったが――。

その瞬間のことははっきりと分かった。

突然、ずぞぞぞという強烈な気配が背中に迫ってきた。

ぴたり。

それは文字通り張り付く。

急激に、彼女の足取りは重くなった。

（何かきた……）

こういう遭遇は暫く振りである。

これまで怖い経験は何度もあったが、すぐ背後にぴたりと添われるのはかなり嫌だった。

家までもう少しのところだったが、このまま家族の待つ家に戻るのも気が引ける。

（少し遠回りしていこう）

経験上、家の周囲の特定箇所を幾つか回るうち、そうした気配は消える。

回る場所はなるべく人の多いところ、又は神社仏閣だ。公園だけは絶対にいけない。この時間、誰もいない公園は最悪である。

だが——このときは勝手が違った。

寺を二つ回ったが、足取りは重くなる一方だ。謎の気配は、彼女の歩調に完全に合わせるようにして、背中のすぐ後ろを付いてくる。

家から近い寺を二つ回ってしまい、後は家から相当離れることになる。

（金曜だし——タクシー通らないかな）

住宅地の細い道路から出ようと、大通りを目指して方向を変えた。

すると、細い道路の向こうから誰かが歩いてくる。

（あ、あれ——？）

何となく姿形に見覚えがある。

街灯の下ですれ違う瞬間、顔が見えた。

大学時代の先輩である。

「あれ、先輩――？」

だが、彼がこちらに気付いた様子はない。

（気付かないか――。そもそも本当に先輩だったのかな）

振り返ろうとして思い留まった。

こういうとき、つまり背後を何かに押さえられているとき、振り返ったり元来た道を戻ったりすることを、彼女は禁忌としていた。


相変わらず身体は重いままであるものの、次第に神経は冴えてきた。

暗くとも遠くのものがはっきり見え、小さな音がはっきりと聞こえる。そして身体の表面を流れる空気すら過敏に感じられた。

そんな中、ふと高校の頃を思い出した。


ある日の下校中、向こうから先輩のバイクが走ってきた。

「あ、先輩だ！」と思ったが、先輩は気付かず、そのまま彼女をやり過ごした。

すれ違う瞬間、バイクの後ろに何かが乗っている気がした。

振り向いて、去りゆくバイクの背中を見ると、そこに首のない真っ黒な人影が張り付いていた。

その数分後、先輩は丁字路を曲がろうともせず壁に突っ込んで大怪我をしたのだが、後で訊くと先輩は内田さんに必死に助けを求めていたのだそうだ。

内田さんには、自分が無視された覚えしかない。


ずん、と背後の気配が一回り大きくなった気がした。

さすがの内田さんも、これは段々きつくなってきた。

大通りまで出たが、空車のタクシーは殆どない。

稀に赤い「空車」の表示を出したタクシーが走ってくる。内田さんは見えやすいように携帯を振ったが、タクシーは減速し、また加速して走り去ってしまう。

そういえば――と彼女はまた思い出す。

彼女は先週、駅近くでタクシーを拾おうとしていた。

バスのなくなったバス停で、背広姿の太った中年男がタクシー待ちをしていた。

彼女はその後ろのベンチに座った。

空車はかなり少ない。

時折、空車が見えて中年男が手を挙げる。

しかしタクシーはこれを完全に無視する。

繁忙期、女性の一人客ならば乗車拒否されることも多い。だがこの中年は、動きもそれほど酔っているようにも見えず、明らかに上客だろう。

変だな、と思って見ていたが、あまりにも無視されているので彼女は考えを変えた。

(きっと場所がよくないんだな)

タクシーから見えないか、それとも停車できない場所なのか。

彼女はそこを離れ少し道を上ると、あっという間にタクシーを捕まえられた。

乗車後、走り出したタクシーはさっきのバス停の前をゆっくり通り過ぎる。

中年男はおらず、車道のところに花束とカップの焼酎が供えてあった。

(ああ、何だろう、何で今こんなこと思い出すんだろう)

タクシーを探す間、彼女は暗澹《あんたん》たる気分になっていた。

空車のタクシーは相変わらず稀で、走ってきても露骨な乗車拒否をされる始末だ。

先週のことを思い出した彼女は、タクシーを諦めて近道をすることにした。

記憶を頼りに、再び住宅地の細い道に入った。

寒い。重い。

内田さんの苛立ちはピークに達しつつある。

細い一本道を歩いてゆくと、彼女は漸く自分が追い詰められていることに気付いた。

（あっ、この道――）

先に公園が見える。公園までの間には左右に住宅の塀が続き、側道はない。

その道は、まっすぐ公園に続く道だったのだ。

特にそこは、彼女が子供の頃から「悪い」と知っていた公園だ。公園になる前と後、少なくとも二回は殺人の起きた場所だった。

詰みである。

こうなると、何かに尾けられているときの禁忌である「振り返ったり、来た道を引き返さない」を冒す以外にない。

彼女は、やむなく振り向いた。

誰もいない。

影一つ見えない。

大きな気配は、振り返った彼女の、さらに背後に回り込んでいた。

(こいつ……!)

何処の誰だ、何で私に、とピークを越えて苛立ちが募ってゆく。

色々と思い出したが心当たりがない。せめて姿形でも目に見えれば——と思ったが、振り返ったところで更に背後に回り込まれてしまう。

彼女は考え、咄嗟にある思い付きを得た。

——携帯で自撮りしてみればいいのではないか。

辺りは暗く、そんな発想はなかったのだが、普通の自撮りと違って別に自分が綺麗に写る必要はない。そこらへんの街灯で十分なのだ。

単純に興味が湧いた。

自動販売機の前を通るとき、彼女はそれを実行に移した。

顔の高さにバッと携帯を上げて、一瞬で自分を撮る。

〈ピコリン〉

電子音が響いた。

その途端、背後の気配がスーッと軽くなり、殆ど消えたように思えた。

（やった！　勝った！）

内田さんは思わず小躍りし、「どんな奴だったんだろう」と携帯の画面を見た。

そして絶句した。

暗く、またオートフォーカスが働く時間もなかったためか、酷く乱れたワンショットであった。

自販機の光に煌々《こうこう》と照らされた自分が写っている。

やや睨み付けるような、不機嫌な表情の自分。

そのすぐ横、画面上の右側に、色のない妙な笑顔を浮かべた自分の顔が、もうひとつ浮かんでいる。

（ブレ……？）

状況からすると、それも十分あり得た。

しかし自販機の明かりに横から照らされた自分の顔に比べて、すぐ右側の自分の顔は全く平坦なライティングで、しかも少しもブレていなかった。

その差は一目瞭然だった。

「すごいブサイクに写ったから見せたくないんですけど……」

そう言いながら内田さんは携帯を弄った。

「そのときの写真——珍しいから一応持ってるんですけど——これ」

写真を見つけて「これ」と見せてくれたが、見せた本人が「あれ？　これ？」と言い出して、携帯の画面を覗き込んだ。

なるほど確かに、同じ顔が二つだ。どちらも内田さん自身だ。

だが先ほどまでの話とは異なっている。

画面中央の彼女は、笑顔である。

着ているコートの色までは分かるが、その笑顔はモノクロ写真のように色がない。

そして画面右手、やや背後の顔は、ブレていないが光源を無視した平坦なライティングで、カメラを睨むような表情である。

「あれ、あれ——？　ウソ、逆になってる。何で？」

先ほどの説明にあった、自分と背後に写った別の自分の、表情の関係が逆転していたのだ。

連鎖

早苗さんは猛勉強の甲斐あって、東京近郊の有名大学に合格した。

東北の田舎町に住んでいる彼女は、必然的に親元から遠く離れて一人暮らしすることになった。

彼女の家庭は決して裕福ではなかったが、可愛い娘のためを思って、御両親は奮発してオートロック付きのマンションを契約したのである。

そこは築数年しか経っていないような小綺麗な三階建ての物件で、基本的には女子学生向け、との不動産屋の台詞が御両親のお気に召したようであった。

その割には近隣の木造アパートの家賃とほぼ変わりがないことが不思議であった。

新居も決まってあたふたとしているうちに、あっという間に引っ越しの日を迎えていた。

最初は浮かれていた早苗さんも、次第に心細くなっていった。

田舎に生まれ育ったせいなのかもしれないが、早苗さんはこの地の賑わいに少々面食らっていたのである。

「ここって、何か東京みたいだなあ」

その一言に、引っ越しの手伝いに来ていた兄の隆平さんはクスっと笑みを浮かべた。

彼は高校卒業後すぐに上京して、今では都内の運送会社に勤めている。

額の汗を拭いながら、彼はワンルームの室内を眺めた。

「こんなもんでしょ。後は一人で大丈夫だよな？」

その言葉に、早苗さんは不安そうに頷いた。

これから一人暮らしをするとはいえ、初めての土地に置いて行かれるのは心許なかったが、これればかりはどうにもならない。

「んじゃ、な。何かあったら電話くれや」

そう言いながら、隆平さんは彼女のマンションを後にしようとした。

そのとき、室内の照明がチラチラと不規則に揺れ始めた。

「あれっ、おかしいな」

彼は片付けていた小型の脚立を荷物から取り出すと怪訝そうな表情を浮かべながら照明を確認してみるが、案の定すぐに降りてきた。

それもそのはず。この蛍光灯とグロウランプは、数時間前に新品に交換したばかりなのである。

「ひゃっ！」

素っ頓狂な悲鳴が唐突に響き渡った。

不審そうな視線を向ける兄に対して、彼女は恥ずかしそうに言った。

「……ゴメンなさい。何か聞こえたような気がして」

「……お前にも、聞こえた？」

「うん……お兄ちゃんも？」

二人の間に、重苦しい沈黙の時が流れる。

それは若い女性の抑揚のない機械音声を思わせる声で、「シアワセ」と言っているようであった。

語尾が上がっていることから、もしかしたら「シアワセ？」といった疑問形であったかもしれない。

隆平さんは辺りを丹念に見回すが、特に異常は感じられない。

所構わず探して見たが、音を出す装置類も何処にも見当たらないし、もちろん第三の人物などこの部屋にはいない。

早苗さんは不安そうにな思案顔で、じっとしている。

「大丈夫。きっと気のせいだよ」

彼女を元気づけるためにそう言葉を掛けると、彼は時間を気にする素振りをし始めた。

「ありがとう。後で不動産屋さんに相談してみるよ」

その言葉で踏ん切りが付いたのか、隆平さんは安心した表情を見せながら帰路へ就いた。

早苗さんはすぐに不動産屋へ電話を掛けてみたが、営業時間は終了していたらしく誰も電話に出なかった。

また明日にでも電話しよう、そう思ったにも拘わらず、様々な用事に忙殺されてしまい、いつしか電話をする件は彼女の記憶から消え去ってしまった。


不安ながらも充実した日々は慌ただしく過ぎ去り、入学式やオリエンテーションが終わる頃には早苗さんも大学に慣れてきていた。

少数ながら友人もでき始めて、初めて入った居酒屋でこれまた初めての飲酒を経験していたときのこと。

身体中がほんのりと熱くなって愉快に過ごしていると、ハンドバッグの中で彼女の携帯電話が何度も何度も振動していた。

しかし、彼女がそのことに気が付いたのはそれから数時間後のことである。

ふらふらしながら酩酊状態で自宅のベッドに倒れ込んだとき、半開きになったハンドバッグの中から仄かな明かりが見えた。

携帯電話の着信履歴には実家の文字で埋め尽くされており、何らかの異変を感じ取るには十分である。

身体中のアルコールが一瞬で抜けていく感覚を覚えながら、早苗さんは自宅へと電話を掛けた。

呼び出し音が鳴るか鳴らないかのうちに、携帯電話から母親の嗚咽《おえつ》が聞こえたかと思うと、間もなく狂気じみた哭声へと変わっていった。

「さっなっえぇっっっっっっ！　おぉぉぉっっっっっ！」

半狂乱の母親の言葉は、なかなか理解できなかった。

しかし、その内容を理解した途端、早苗さんの全身が小刻みに震えて、大粒の涙がボロボロと零れていた。

それは、早苗さんの兄である隆平さんの訃報を告げる声であった。

病院から搬送された兄の遺体を実家に迎えても、早苗さんは彼の死が信じられなかった。

それもそのはずである。彼の行動が明らかにおかしかったのだ。

その日、今まで無遅刻無欠勤だった彼は会社を無断欠勤すると、実家の最寄り駅へと新幹線で向かっていったらしい。

駅まで辿り着くと、その近辺にあった五回建ての雑居ビルへと一人で入っていった。

そしてエレベーターで屋上まで行くと、そのまま地上へと投身してしまったのである。

駅の記録や目撃者から判断して警察から教えられた、兄の足取りであった。

何故、自分の車を持っていた兄が新幹線を利用したのか。

どうして、彼とは何の関わりもないそのビルへ入っていったのか。

しかもその日に限って、屋上への扉は施錠されておらず管理人も席を外していた、そのビルへ。

そもそも、全てが順風満帆であるはずの兄が、何故自殺をしたのか。

全てが謎である。

後日、兄の勤務先の方々や友人達から話を聞いてみたのだが、自死を選んだ理由は一切分からず、ただただ謎は深まるばかりであった。

兄の突然の死によって、早苗さんのみならず両親や祖母は酷く落胆してしまった。

家庭からは明るさが一切消え去り、止め処《ど》ない闇が訪れていた。

このような状態の家族を放っておくのは忍びなく、彼女も本当は家族の力になりたかった。

しかし両親の意向に従って、大学へと戻ることになったのである。

明らかにぎこちない笑みを浮かべながら駅まで見送ってくれた両親を見るなり、彼女は思わず涙ぐんでしまった。

そして数時間掛けて自宅のマンションに戻ると、そのまま倒れ込むようにベッドへと崩れ落ちた。

早苗さんは悔しくて切なくて悲しくて、一心不乱に泣きじゃくっている。

そのとき、彼女の耳が妙な音声を捉えた。

兄と一緒に聞いた、若い女の声である。人間味の一切感じられない、機械女の声。

それは、ふふふっと不気味に笑った後で、こう言った。

「まだよ。まだだよ……」

その瞬間、早苗さんの頭の中で何かがキレた。

彼女は瞬時に立ち上がると、部屋中に響き渡る声で言った。

「アンタ、誰だよっ！　出てきなよっ！　ちきしょうっっっっ！」

頭に血が昇っていた彼女は、姿の見えない相手に向かってがなり立てた。

上下左右を睨め回しながら、懸命に怒鳴り続けた。

彼女の視線が天井のシーリングライトを捉えたとき、思わず息が止まった。

壁紙とシーリングライトの間、僅かな空間に数本の髪の毛が漂っているではないか。

早苗さんは怒りに流されるがまま、いきなり椅子の上に乗って、その髪の毛をむんずと掴んで力任せに引っ張った。

数本の髪の毛にしては異様な重みを感じたが、何処か麻痺したかのように彼女は気にもせずに引っ張り続ける。

ぐっぐっぐっ、といった奇妙な躍動が右手に伝わってきたかと思うと、女の生首が照明器具から現れ出た。

「ひゃっっっっっっ!」

流石の彼女も、思わず髪の毛から手を離してしまった。

「ぐぅふふふっふふふふぅっっっっっ……」

厭《いと》わしくも乾いた笑い声を上げながら、生首は天井を縦横している。

切れ長の眼は過剰に白目が多く、瞳はやけに小さい。

白髪交じりの長い黒髪は脂っ気を失っており、薄汚れた海藻のように揺らめいていた。

えらの張った骨格を覆っている皮膚もとうに輝きを失っており、所々無惨にひび割れている。

唇は紅でも塗ったのか、気持ちが悪いほど真っ赤であった。

そして頸部《けいぶ》は朧気《おぼろげ》になっていて、まるで霞《かすみ》が掛かったかのように捉え所がなかった。

「まだよ。まだだよ……まだだよ。まだだよ……」

そう言いながら天井の海を泳いだかと思うと、不気味な笑い声の余韻《よいん》を残しながら、唐突に消え去ってしまった。

「ちっきしょっっっっっっっっっうっっっっっ！」

早苗さんの悔し紛れの絶叫が、室内に空しく響き渡る。


その日を境に、例の女の声が聞こえない日はなくなってしまった。

日常の中でいきなり笑い声が聞こえたかと思うと、やがてぶつぶつという独り言に変わっていくのが常となっていったのである。

時間にしてみればほんの十秒程度の出来事ではあるが、早苗さんの気を滅入らせるには十分であった。

姿を現さないだけでも大助かりではあったが、それでも彼女の精神状態に打撃を与えるには事足りる。

自然と彼女の表情は終始強張《こわば》ったものへと変わり、やがて学内でも一人で過ごす時間が多くなっていった。

それから間もなく、またしても実家から電話が来た。

早苗さんは不安に怯えながら電話に出るも、彼女の予感は残念ながら的中してしまった。

兄の自殺以来、祖母は体調を崩していたのであった。

その祖母を母親が病院に送っていく途中、事故に遭ってしまったのだ。

彼女達を乗せた軽自動車が右折をしていたとき、信号無視をしてきた大型トラックが対向車線からノーブレーキで突っ込んできたのである。

もちろん軽自動車は大破し、助手席側にいた祖母は即死であった。

運転していた母親は運良く助かったが、現在意識不明の状態であるとのこと。

終始震えた口調の、父親からの電話であった。


早苗さんは迷っていた。

続け様に起きるこの不幸の中、自分だけがのうのうと大学に通っていてもいいのだろうか。

父親はにっこり笑いながら、「お前は勉強してればいいんだ」と口癖のように言っている。

だが、彼の表情には疲労の色が強く出ており、いつ倒れてもおかしくない状況であった。

無理もない。不幸の連鎖の中で家族のために仕事をし、それが終わってから妻の見舞いに足繁く通っている。

　どう考えたって、親元を離れて大学に通っている場合ではないのではないだろうか。

　しかし、半ば強引にマンションへと戻された彼女は、不安と疑問を抱えながら大学に通い続けた。

　だが、自室に戻ったら戻ったで、例の女の声が否応なしに聞こえてくる。

　半狂乱になりながら、何度叫んだか分からない。

　部屋に出てくる女への憎しみと、次々に襲いかかってくる不幸への絶望が、早苗さんの心を握り潰そうとしているようであった。

　関連性は分からないが、絶対あの機械女のせいに違いない。

　こんな部屋から出てしまえば、きっと全てが好転するのであろう。

　でも、できない。引っ越しにはお金がたくさん必要だし、今の実家にそんなことはお願いできない。

　実家に戻って働くのが一番良いのであろうが、父親は決して許さないであろう。

　そう思いながらも自室で叫ぶ以外に何もできない自分を、彼女はとてつもなく腹立たしく思った。

「まだよ。まだだよ……まだよ。まだだよ……」

彼女の耳に、朝方聞いたばかりの機械女の声が何度も繰り返す。

「まだよ。まだだよ……まだだよ。まだだよ……」

ひょっとして、まだ、なのであろうか。


果たして、不幸はこれだけでは終わらなかった。

それから暫くして、早苗さんの携帯電話に親戚の伯父さんから電話が来たのである。

今度は、父親の番であった。

面会時間が終了して病院からの帰り道、彼は自転車を漕いでいた。

見通しの良い大きな通りにも拘わらず、自転車は何かにぶつかって前転しながら転んでしまったとのことである。

まるで見えない何かにぶつかったようであったと、その一部始終を目撃していたサラリーマンは言った。

早苗さんの父親は、アスファルトに思いっきり頭部を叩き付けられて、そのまま意識を失ってしまったのだ。


同じ病院でも病室は違うが、父親と母親が入院している。

両者とも意識不明の重体であり、予断を許さない状況であった。

二人が意識を取り戻すことを信じ、自分もやらなければならないことがある。

彼女は実家に戻ることを決意し、大学に退学届を提出したのである。

さほど多くもない荷物を纏め終わって、引っ越し業者の来訪を待っていたとき。

決して望んではいないにも拘わらず、いきなり機械音声が聞こえてきた。

「ばい、ばい……ばい、ばい……ばい、ばい……」

エンドレスに続くその声に、早苗さんは我を忘れて罵声を浴びせ続けた。


早苗さんが実家に戻ってから、三年が経過していた。

あのマンションを退去してからは、物事が面白いようにいい方向へと向かっていったのである。

程なくして二人とも意識を取り戻し、誰もが驚くほど回復していき、そして退院していった。

早苗さんは地元の会社に就職して、今では部下を持つ程になっていた。

大学に残る人生もあったのかもしれないが、彼女は今の道を歩んだことに後悔の念は一切ない。

あるとき、彼女は部下とともに取引会社へと商談に向かった。

だが取引会社がある場所は、彼女が以前住んでいた例のマンションの近くだったのだ。

もちろん、あそこへは二度と足を運びたくはなかった。

何とかして他の誰かに替わってもらおうと努力はしたのだが、取引先の意向で今回ばかりはどうにもできなかった。

早苗さんは観念した表情を浮かべながら、部下とともに最寄り駅から取引先へと歩いていた。

駅を降りた瞬間から動悸《どうき》が止まらない。ねっとりとした厭な汗が全身の毛穴から噴き出してきている。

彼女はなるべく周囲から目を逸らしながら、部下の後を幼児のように付いていくことしかできない。

もう着くかなと、ふと視線を周囲に動かしたとき、厭なものが目に入ってきた。

彼女が数カ月だけ住んでいた、あのマンションである。

自分の歩いているこの場所の隣に、あの機械女が棲んでいるマンションがあるのだ。

汗の粘度が増していき、呼吸が激しくなっていく。

嫌だ嫌だ嫌だ見たくない見たくない見たくない……。

自然と足早になっていく自分を抑えながら、心の中で念仏のように唱え始めたとき。

どっっっっすぅぅっっん！

彼女の後方で、異様な音が鳴り響いた。

早苗さんは文字通り、飛び上がって驚いた。

「っっっっっっっぎゃっー！」

目前から歩いてきた老婦人が、腰を抜かしたかのように乾いたアスファルトに座り込んでいる。

部下も後ろを振り返るなり、うふぅぅっといった空気の抜けるような音を出しながら両目を見開いて立ち尽くしている。

早苗さんが恐る恐る後ろを振り返ると、そこには人間が俯せで倒れていた。

ぱっくりと石榴《ざくろ》のように割れた頭部からは鮮やかな赤い液体がどくどくと流れており、アスファルトを見る見るうちに変色させていく。

ちょっと前までは美しかったであろう長い黒髪と薄いピンク色のジャージ姿から、すぐに女性であると分かった。

早苗さんはあまりにもショッキングなその出来事に暫し呆然としていたが、何事かに思い当たったようにすぐさま視線を左上へと動かした。

そしてそのまま、暫くの間身動き一つすることができなくなったのである。

マンションの三階に、一つだけ窓を開け放している部屋がある。

早苗さんが数カ月だけ住んでいた、懐かしくもおぞましい、あの部屋であることに間違いない。

揺れ動く白いレースのカーテンの間から、見覚えのある何者かがこちらを覗き込んでいる。

白髪交じりの長い髪に、ひび割れた皮膚の、あいつ。

黒目の少ない、切れ長の目をした、あの女である。

魅入られたかのように動けなくなってしまった早苗さんを、射るような眼差しが捉えて離さない。

異様なまでに朱い唇が緩慢に動き始め、奇妙にねじ曲がって何事かを呟いていた。

早苗さんの脳内に、辛く悲しい記憶が容赦なく雪崩れ込んできた。

彼女は懸命に堪えながら、先ほどの老婦人に目を遣った。

老婦人は携帯電話で何処かへ電話を掛けているが、恐らく警察に違いない。

もう耐えられない。これ以上、この場所にはいられない。

早苗さんは部下に後を任せて、駅の方向へと小走りに逃げ去っていった。

あの取引先に関して全て任せた部下の話によると、あのマンションは今でも健在とのことである。

ただ、出張するたびに例の部屋のカーテンは色が変わっていることが気掛かりであるとのこと。

もしかしたら、入居者がコロコロと変わっているのかもしれないが、もはやどうでもよかった。

あの地にだけは二度と足を踏み入れることはない、と早苗さんは心に誓ったのだから。

第一村人発見

「あれは……リーマンショックの後で、景気悪くなった後だな。大分、コッチのほうが渋くなってはいたんだけど、うちの会社ぁまだまだよかったほうだなぁ」

世界的な規模で発生した不況のため、日本ではまず広告費や外注費の削減といった形で皺寄せが大きく現れた。

島田さんの勤めていた番組の制作会社も、当然その影響を大きく受けた。

「とにかくまぁ、局だってスポンサーが出稿してくんなきゃ。ない袖は振れない。仕事は安くて小さいし、外注さんも使えないし……ああ、でもさ、タレント使わない仕事は楽でよかったな」

これはそうした仕事の一つだった。

「田舎はいいよね、みたいな内容の番組だったね。キー局でも大きくやってたでしょ、そういうの。それもさ、ガチで移住するんじゃなくて、チャチャっと行ってちょっと撮って、いいよねぇ田舎、みたいな」

この日、山陰と山陽に分かれて二班が同時にロケをしていた。

「流れとしては簡単で、車で流してその辺の人に話を聞いて、面白そうだったら付いていく。面白くなさそうでも、まぁ、嫌がられなければ付いていく。予算もないのにヤラセなしの出たとこ勝負。あ、少なくとも、うちらの班は、ね」

流れが簡単でも、仕事が簡単とは限らない。

朝、宿を追い出された島田さんらは機材をバンに積み込んで出発した。瀬戸内海の宿から暫く車を走らせ、日本海に程近い目的地に近付く。

「それが順調に進みすぎて、昼前に着いちゃってね――」

理想的な田舎ではあったが、平日のど真ん中、さらに午前中の半端な時間である。

瀬戸内海を出発したときは晴れていたのに、スキー場やらゴルフ場やらを数えるうちにどんよりと曇ってきた。

車はあるが通行人はいない。

道路から遠く離れた畑の奥で農作業中なのは地元民だろうが、いかんせん遠い。距離よりもどうやってあそこまで行くのか分からない。

「要約すると『どっかで時間潰しましょう』みたいなことをね――」

後部座席の若い音声スタッフがそのようなことを言い出したが、立場上進行に関わる進言はしない。

島田さんのチームは、彼を含めて三名だけだった。

「俺と、助手席のカメラ、後ろの音声。それだけ。ちなみに瀬戸内海の班はタレントさんも入れて五人くらいでさ。同じ企画って聞いてたけど、ありゃあ別の番組だな。そっちのスケジュールに引っ張られて、俺らは貧乏くじ引いたの」

思い出すにつけ愚痴っぽくなる——現場では珍しくないにしても、予算も段取りもなくケツカッチンの状況に、島田さんは苛立っていた。

一通り景色を撮ったカメラマンも無口になっていた。

それくらい誰もいないのだ。

怪しかった空模様はやがてポツリポツリと雨粒を落とし始め、島田さんは絶望しかけた。スタッフの無言の意見を纏めた島田さんが、何処かで時間を潰そうとしたときだ。

「あ‼　人だ‼」

助手席でカメラマンが小さく叫んだ。吉報である。

どれどれと見ると、道路の左側を確かに人が歩いている。

平坦でまっすぐな道、左右は田畑ばかりで、たまに植え込みがある程度の何もない道だ。

たった一人、路肩を歩く女子中学生の、後ろ姿だ。

地味なお下げ髪で、島田さんのテンションは上がった。

もっとも本当のところ中学生か高校生か、後ろ姿で分かるものではない。あくまで都会の感覚として「野暮ったいから中学生だろう」というだけだ。少なくともセーラー服を着ているのは間違いないのだが、それが冬服なのか夏服なのかもすぐには判別しかねた。

「声掛けましょう」

カメラマンは色めきだったが、島田さんはふと嫌な予感がしてブレーキを踏めなかった。

時間、季節感、歩き方――何が引っかかったのか分からないが、この業界に長くいると何となく「テレビで写してはいけないもの」が勘で分かる。

（あ、何か関わりたくねえな）

だが漸く一人見つけたのだ。使えるか使えないかはともかく、積極的に拾ってツキを掴みたいという誘惑も断ち切り難い。

迷いつつ島田さんはスピードを緩めた。

助手席でカメラマンが後ろからのカットを撮る準備を始めていたので、島田さんはまず追い越してから軽く交渉しようと考えた。

追い越し、少し先で停車して趣旨を説明する。良ければ後ろから撮り直す。取材は無理としても、地元の女子中学生っぽいリアクションを貰えればまずまずであろう。

ゆっくり速度を落とし、女子中学生の横を通り過ぎる。

島田さんはバックミラーをチラ見しつつ、丁度良い停車位置を探していた。

「うっ」

背後から押し殺したような声が上がった。

「行きましょう。駄目っぽいです。行きましょう」

「何だよ」

島田さんは振り返りもせず、ミラーでひと睨みして高圧的に訊いた。

(コイツ、何言ってくれんだ)

いつも高圧的に振る舞っていたが、これは演技ではなく本気で苛ついていた。

「とにかく、次行きましょう。ヤバいですって」

音声さんが必死で嫌がっている。

ンだよ、と若干声を荒らげ、少し逡巡して島田さんは車を止めた。

停車位置は、本来狙った遠すぎず近すぎずの丁度良い位置よりもかなり進んでしまっていた。近すぎても遠すぎても、取材対象に警戒させる結果になる。

島田さんはもう取材がどうこうより、台無しにされたことへの怒りが勝っていた。

振り返って一発怒鳴ってやる――それだけを考えて後部座席を見た。

「――どしたの……？」

怒りに任せて振り返った島田さんだったが、音声の顔を見て急激に心配になってしまった。真っ青である。

戸部という音声スタッフの目は怯え、唇は震えている。

「あれは、まずいっす。車出してください。近いっす」

彼のただならぬ様子に島田さんも折れかけた。

後方を見ると、さっきの女子中学生が遠くに見える。

確かに、自分もさっき嫌な予感がしたのだ。

「だから、何がまずいの」

島田さんとしては複雑な心境であった。折角見つけたうってつけの地元民なのに、一つも撮れ高がないのは悔しい。長年の勘だと思っていたことについて、この若造に口出しされたことも悔しい。

しかし悔しさに任せて判断を誤るのもやはり悔しかった。

冷静に話を聞くしかないのだが――何を訊いても、音声スタッフは「ヤバい」「まずい」「行きましょう」しか答えないのだ。

「いや、戸部君ね、でもそんなこと言っても、もう、来ちゃうよ？」

女子中学生はこちらへ向かって歩いてきている。

周囲には畑、電柱と看板があるくらいで距離感が掴みにくいが、まだ二、三十メートルくらいは離れている。だが間に何もないのだから、あの中学生がここに来るのは確実である。

「顔、見てないんですか？」

「いや、遠くて顔は……もうちょっとこっち来てくんないとな」

「来るから行きましょうって！　そこ、歩けないじゃないですか!!」

言われて気付く。

路肩には何もない。そこは蓋のない用水路が続いているだけだ。

違和感があったのは、道の右側にはガードレールの付いた立派な歩道があるのに、何故何もない左側を歩いているのかということだ。

「わ、分かったよ」

剣幕に押されて車を出したが、島田さんは分かっていなかった。

少し進めると、左手側に民家や土手が現れてきたので、自販機のある商店のところでまた車を止めた。

カメラマンと顔を見合わせて肩を竦めたが、これは言い訳のようなものだ。

「なぁ、ちょっと話そうか」

戸部君は相変わらず怯えきっており、「もう見えないから」と諭して漸く恐る恐る車外を見るといった有様だった。

「何そんなビビってんだよ」

確かに、女子中学生は歩けないところを歩いているように見えた。

蓋のない用水路の上を、だ。

だがそれも遠目にそう見えただけだ。島田さんは最初、何処を歩いているかなど注意してすらいなかったのだ。

「僕、横追い越すときにちゃんと見たんですよ……」

「いやさぁ、俺は運転席から見たけど、特に気にならなかったって。それに車から足下って、こうしないと見えないだろ」

島田さんは腰を上げて見下ろすような仕草をした。

前の席からならともかく、横から足下は見えにくいだろう。

「そうじゃなくて……顔」

戸部君が顔だと言い出したので、「顔?」と島田さんは繰り返す。

「さっきの、顔がヤバかったじゃないですか! ズタズタで、目だけ、すごいでかくって、こっち見て、頬っぺたがこう、ニィーって」

音声さんは掌で頬を上に吊り上げて見せた。

島田さんは「おいおい」と言いながら暫くカメラマンと顔を見合わせていた。

「マジで？　マジで言ってんの？　それ」

カメラマンは首を傾げて、「知らないっす」とポーズをしたが――島田さんは今の話を、見間違えとも、聞かなかったこととも出来なかった。

「マジとするとさ……いやさぁ？　メイクか何かかもだけど、怪我だとしたらまずいじゃん？　だから学校から帰されてこんな時間に歩いてるのかもな訳じゃん？　逆にちょっと、戻って声掛けたほうがいいんじゃないの」

言いながら、自分でも本気かよと思っていた。

焦り、苛立ち、疑い、興味本位、撮れ高、つまらない仕事を回された悔しさ――きっと本気ではなかったのだろう。

音声スタッフは絶句し、鬼でも見るような顔になったが、カメラマンは半笑いで「そっすね～」と相槌を打っている。

車内の空気を掌握した島田さんは一定の満足を勝ち取ったと思った。

そのとき、島田さんの携帯が鳴った。

瀬戸内海に行った班からである。

電話に出ると、真っ先に「な～にしてんの～？」と訊かれた。

「ああ、今ちょっとトラブって、お話中で～。後で一報入れますんでぇ」

ムッとしたことと首尾が悪いことを隠し、急用でないなら後にしてくれと言おうとしたのだが、それを遮って電話の相手はこう返した。

「何。トラブってお話って、その女の子と？　マジで？　あ～……冗談きっついよ。中学生だろ？」


瀬戸内海の班は、今フェリーに乗ったところだった。

フェリーの出航直後、港を見たスタッフが「あれ、島田さんじゃん」と大声を上げた。

見ると確かに島田さんがいた。着ているものまで同じだ。

波止場は遠くなってゆくが、ズームすれば分かる。

「戸部君だっけ木部君だっけ、音声さんもいるぞ」

その向こうに、若い音声スタッフがいる。

そして島田さんの横に、黒いセーラー服を着たおさげの女の子がいる。

彼女は後ろを向いており、顔は見えない。

「手ぇ繋いでるよ～！」

島田さんは、後ろを向いた女の子と手を繋いで、ぼんやりと無表情にこちらを見ていた。

「何やってるんだろうな。あいつら逆方向行ったろ」

「行ったけど、何かあったんですかねぇ」

「はぁ？　どうして連絡しねえかな」

「何か朝から機嫌悪かったですし」

「ははは。ちょっと、探ってみ？　『な〜にしてんの〜？』って」

瀬戸内班の撮った映像を確認し終えて、島田さんは流石に息を呑んだ。

「はい、これ、俺……ですね」

あとがき

酉《とり》年です。元々は果実の成熟が極まった状態を意味する〈酉＝シュウ〉とか。五行は金気、陰陽は陰、方角は西を、時刻だと夕刻を示します。金気は別として〈落日〉や〈熟し、落ちる寸前〉を思わせるワードだらけです。実話怪談テイスト満載で「超」怖い話ナンバリングシリーズに相応しいですよね。酉。酉・鶏が絡んだ体験談を私も選んで書けば良かった……！　すっかり忘れていました。

で、私個人のイメージだと、酉・鶏と言えば食べ物としての鳥。いわゆるチキン。或いはゲーム・ゼルダの伝説シリーズを思わせるものです（ゼルダというゲームは、鶏を殴ると画面内に大量の鶏が出てきて自キャラが突かれまくり大ダメージを負う、というのがお約束なのです。興味がある人は検索しよう！）。貧困な想像力でスミマセン。

何だか腹が減ってきたので、あとがきをアップしたら私は鶏ササミを貪り喰います。皆様も鳥をどうぞ食べてくださいね。ガッツリ良質なタンパク質を摂りましょう！

読者の皆様と体験者の皆様へ、感謝を込めて。

久田樹生

あとがき

今回もまた新たな恐怖を皆様にお届けできる僥倖《ぎょうこう》に恵まれたことを嬉しく思います。

仕事とはいえ無差別に怪談を蒐集していますと、中にはかなりヤバそうな体験も混じっているわけです。

聞いた瞬間鳥肌が立つとでも言いますか、これ以上聞きたくないとばかりに耳を塞いで逃げ出したい、とでも言いますか。

兎に角、そんなおっかない話を皆様に読んでいただくわけですから、何らかの被害が私だけでは済まないいんじゃないか、などと心配になったりします。

「君子危うきに近寄らず」という故事がありますが、私は君子とは程遠い存在ですから、仕方がないかなと思っていたりします。

まあ読む分には障りはないいんじゃないかな、と何となく思っておりますので、君子の皆様もお愉しみいただけましたら幸いです。勿論、保証は一切ございませんが。

それではまた、皆様にお目に掛かれる日を手薬煉《てぐすね》引いて待っております。

渡部正和

寒中お見舞い

　気が付くとデビュー後十年が過ぎておりました。

　最初のうち、こんなこと何年もできるのかなと思ったものですが、毎回毎回必死でいるうちに十年経ってるんですね――とは前にもどこかで書いた気がします。開き直って今年はずっとこの調子で行こうと思います。

　書き始めた頃と比べると怪談との接し方は変わったところもあります。でも不思議と、怪談をより好きになってる気がしますね。感銘の受け方が変わったと言いますか。

　兎角続けることは何より難しいとは殆どいつも身に沁みておりますが、大きな喜びのあることでもあります。例えば特に何もなく今年が終わるなぁと思っていたところ、突然悪い旧友が「おい、約束通りアレやろうぜ」と来たりするわけです。

　それもこれもひとえに皆様の日頃の御愛顧のお陰に他なりません。

　篤く御礼申し上げまして、新年の御挨拶と代えさせていただきます。

　皆様にとっても今年がより多く恵みの年でありますように。

深澤夜

喪が明けました

先般、四十九日の法要後の席で「お仕事は何を」と訊かれ、「ちょっと怪談などを」と自己紹介すると、「怪談はどうやって集めているのですか?」という定番の御質問が。

基本はずっと変わらないんです。対面で偶発的に会うこともあるし、紹介されて会うこともあるし、電子メール、チャットソフト、巻末にもあるWebフォーム、ここ何年かはSNSなんかも加わりました。そうして出会った方々に「怪談を集めていまして」と挨拶すると、どうも「人に言い出せなくて記憶の奥にしまい込んでいたけど、誰かに言っておきたい話」の封が開くらしく。後はもう、ただただ伺いまくって今に至るって感じです。

そんなふうに集めた体験談を実話怪談として書いてきましたが、中には「書いたけど文庫には収められなかった話」なんてのも出てくるわけです。雑誌に書いてそのままになっていたもの、改訂したときに除外されたもの。近頃はよくしたもので、それを【「超」怖い話 怪顧《かいこ》】として電子書籍に纏めてみました。電子版の在庫はたんまりありますが、紙の本は十三冊しか作りませんので、興味のある方はAmazonあたりへお早めにどうぞ。

二〇一七年　寒九の夜に　加藤 一

本書の実話怪談記事は、「超」怖い話 酉のために新たに取材されたもの、公式ホームページに寄せられた投稿などを中心に構成されています。
快く取材に応じていただいた方々、体験談を提供していただいた方々に感謝の意を述べるとともに、本書の作成に関わられた関係者各位の無事をお祈り申し上げます。

「超」怖い話公式ホームページ
http://www.chokowa.com/
最新情報、過去の「超」怖い話に関するデータベースなどをご用意しています。

「超」怖い体験談募集
http://www.chokowa.com/post/
あなたの体験した「超」怖い話をお知らせ下さい。

「超」怖い話 酉

2017年2月4日　初版第1刷発行

編著者　加藤 一
共著　久田樹生／渡部正和／深澤 夜
カバー　橋元浩明（sowhat.Inc）
発行人　後藤明信
発行所　株式会社　竹書房
〒102-0072　東京都千代田区飯田橋 2-7-3
電話 03-3264-1576（代表）
電話 03-3234-6208（編集）
http://www.takeshobo.co.jp
印刷所　中央精版印刷株式会社

定価はカバーに表示しています。
落丁・乱丁本は当社にてお問い合わせ下さい。

ISBN978-4-8019-0977-9 C0176